"十四五"职业教育国家规划教材

前厅与客房服务管理

第二版

组　　编◎教育部　财政部
主　　编◎黄　松　李燕林
执行主编◎刘　玉　赵丽华　丁立华

中国旅游出版社

教育部　财政部职业院校教师素质提高计划成果系列丛书

项目专家指导委员会

教育部　财政部职业院校教师素质提高计划成果系列丛书

酒店管理专业职教师资培养资源开发（VTNE083）

项目牵头单位：广西师范大学

项 目 负 责 人：黄　松

出版说明

《国家中长期教育改革和发展规划纲要（2010—2020年）》颁布实施以来，我国职业教育进入到加快构建现代职业教育体系、全面提高技能型人才培养质量的新阶段。加快发展现代职业教育，实现职业教育改革发展新跨越，对职业学校"双师型"教师队伍建设提出了更高的要求。为此，教育部明确提出，要以推动教师专业化为引领，以加强"双师型"教师队伍建设为重点，以创新制度和机制为动力，以完善培养培训体系为保障，以实施素质提高计划为抓手，统筹规划，突出重点，改革创新，狠抓落实，切实提升职业院校教师队伍整体素质和建设水平，加快建成一支师德高尚、素质优良、技艺精湛、结构合理、专兼结合的高素质专业化的"双师型"教师队伍，为建设具有中国特色、世界水平的现代职业教育体系提供强有力的师资保障。

目前，我国共有60余所高校正在开展职教师资培养，但由于教师培养标准的缺失和培养课程资源的匮乏，制约了"双师型"教师培养质量的提高。为完善教师培养标准和课程体系，教育部、财政部在"职业院校教师素质提高计划"框架内专门设置了职教师资培养资源开发项目，中央财政划拨1.5亿元，系统开发用于本科专业职教师资培养标准、培养方案、核心课程和特色教材等系列资源。其中，包括88个专业项目，12个资格考试制度开发等公共项目。该项目由42家开设职业技术师范专业的高等学校牵头，组织近千家科研院所、职业学校、行业企业共同研发，一大批专家学者、优秀校长、一线教师、企业工程技术人员参与其中。

经过三年的努力，培养资源开发项目取得了丰硕成果。一是开发了中等职业学校88个专业（类）职教师资本科培养资源项目，内容包括专业教师标准、专业教师培养标准、评价方案，以及一系列专业课程大纲、主干课程教材及数字化资源；二是取得了 6 项公共基础研究成果，内容包括职教师资培养模式、国际职教师资培养、教育理论课程、质量保障体系、教学资源中心建设和学习平台开发等；三是完成了 18 个专业大类职教师资资格标准及认证考试标准开发。上述成果，共计 800 多本正式出版物。总体来说，培养资源开发项目实现了高效益：形成了一大批资源，填补了相关标准和资源的空白；凝聚了一支研发队伍，强化了教师培养的“校—企—校”协同；引领了一批高校的教学改革，带动了“双师型”教师的专业化培养。职教师资培养资源开发项目是支撑专业化培养的一项系统化、基础性工程，是加强职教教师培养培训一体化建设的关键环节，也是对职教师资培养培训基地教师专业化培养实践、教师教育研究能力的系统检阅。

自 2013 年项目立项开题以来，各项目承担单位、项目负责人及全体开发人员做了大量深入细致的工作，结合职教教师培养实践，研发出很多填补空白、体现科学性和前瞻性的成果，有力推进了“双师型”教师专门化培养向更深层次发展。同时，专家指导委员会的各位专家以及项目管理办公室的各位同志，克服了许多困难，按照两部对项目开发工作的总体要求，为实施项目管理、研发、检查等投入了大量时间和心血，也为各个项目提供了专业的咨询和指导，有力地保障了项目实施和成果质量。在此，我们一并表示衷心的感谢。

编写委员会

2016 年 3 月

序

呈现在读者面前的这套教材是以优异成绩通过验收的教育部、财政部职业院校教师素质提高计划暨职教师资培养资源开发项目“酒店管理专业职教师资培养资源开发（VTNE083）”的重要成果，由《前厅与客房服务管理》《餐饮服务与管理》《酒吧酒水服务》《酒店服务礼仪》《酒店管理专业教学法》5部专业主干课程教材组成，为酒店管理专业职教师资的培养、培训量身打造。本套教材的开发与编撰主要有以下特色。

坚持能力本位理念，凸显职业教育教材与传统学科教育教材的差异：摒弃呈现完整学科体系的传统知识本位思想，侧重在真实工作情境中培养学生综合性地解决问题的能力。正如姜大源教授在《职业教育学研究新论》中所述“以从业中实际应用的经验和策略的习得为主、以适度够用的概念和原理的理解为辅，即以过程性知识为主、陈述性知识为辅”，充分体现教材的职业性和实践性。

以工作过程为主线，统筹设计教材结构：依据“项目贯穿、任务分解”的基本原则，以酒店工作过程为主线，选用典型、实用、趣味、综合、可行的具体工作任务作为教学项目，整体结构以教学项目进行贯穿，并围绕项目展开。按照由总到分的思路，将教学项目划分成若干个子项目，每个子项目可以通过若干个任务来完成，每个任务又可以分解成若干个子任务来表现，通过子任务展示工作成果和工作过程知识。

解构和重构知识体系，以工作过程序化教材内容：解构课程知识体系，按照职业教育教学知识和技能要求进行酒店管理工作过程转化，使工作过程与教学过程深度融合，使教材内容基于工作过程但又高于工作过程。采用项目式、情境式、模块式等形式，重构课程知识体系，按照酒店职业岗位和工作任务所需的知识与能力要求，将知识分散到完成工作任务的各个环节中，按工作任务和工作过程的逻辑关系重构与序化教材内容。按照工作过程序化知识，并不意味着对陈述性知识（理论知识）的弱化，而是以工作过程为参照系，将陈述性知识有机地嵌入工作过程当中，实现对过程知识的诠释和补充。

基于岗位工作任务，精心设计教学情景：为保证基于工作过程系统化的学习效果，教学情境的设计与教材结构相呼应，每一个教学情境的教学内容相对统一和完整。在每一个教学情境中，融入基础知识、需要达成的任务、分工合作方式和过程中的规章规范，以及具体任务操作过程、步骤、评价和改进提高的指导，并对整个过程制订相应的图表，供学生在学习过程中随时记录学习心得、收获、问题及解决问题的方法途径等。

职教师资培养资源开发项目专家指导委员会自始至终地对本套教材的开发与编撰给予指导与帮助，由高校酒店管理专业和课程与教学论专家以及中职学校相关专业骨干教师组成的研究团队构成教材开发与编撰的中坚力量，一批酒店业、旅游业等行业专家及一线管理人员提供了不可或缺的重要支持。此外，还参阅了诸多专家、学者的相关论著，吸取了多方面的研究成果，并得到了相关部门、学校及同行的大力支持，借此机会致以最诚挚的谢意。

黄松　李燕林

2019 年 9 月于桂林王城

再版前言

《前厅与客房服务管理》作为教育部、财政部职业院校教师素质提高计划暨职教师资培养资源开发项目“酒店管理专业职教师资培养资源开发（VTNE083）”的重要成果，自 2019 年首次出版以来以其新颖的体例和扎实的内容获得市场的广泛认可，同时也获批“十三五”“十四五”职业教育国家规划教材。此次修订主要体现在以下四方面：

一是顺应数字化发展趋势，增加了二维码在内的教学内容数字化呈现方式，便于读者通过扫二维码方式获取相关知识链接及教学资源，使其可听、可视、可练。

二是更新了书稿中的个别陈旧案例，新的案例资料在内容选取上重点凸显与饭店业发展新形态、新理念、新标准的紧密结合。

三是补充完善了社会主义核心价值观的内容。增加了绪论，绪论内容主要包括：深刻认识党的二十大胜利召开的伟大意义，提升新时代大学生政治站位；深刻把握党的二十大主题，激发新时代大学生爱国热情；深入学习领悟过去五年工作和新时代十年伟大变革的重大意义，增强新时代大学生民族自豪感；深刻领会“两个结合”是推进马克思主义中国化时代化的根本途径，加强新时代大学生弘扬中华优秀传统文化教育；牢牢把握全面建设社会主义现代化国家开局起步的战略部署，指引新时代大学生守正创新促发展；深入把握党的二十大关于文化和旅游工作的部署要求，推动文旅融合高质量发展；深刻把握团结奋斗的新时代要求，为文旅行业培养高素质人才。

四是在内容改写方面，将职业素养渗透到专业能力教学当中，将安全生产渗透到专业能力教学当中，将新科技渗透到职业能力教学当中。

由于作者水平有限，不足之处在所难免，敬请广大读者批评指正！

编者

2023 年 7 月

前　言

本教材针对本科及高职高专院校培养符合酒店行业岗位需求的新型人才的目标，严格按照工作过程系统化的课程要求，以前沿的行业规范及标准进行编写。本书以酒店行业岗位职责为主线，系统全面地阐述了酒店前厅与客房两大主体部门的服务与管理内容，主要包括预订服务、礼宾服务、入住接待、客房清扫与管理、房务中心服务、财务收银服务六大项目。依照学习者的成长规律和认知规律，以项目设定作为教学任务的驱动，每一篇下设的模块均由项目任务、学习目标、情景导入、引导问题、实践设计、自我评价、通用知识 7 个部分组成，书后还附有编者用心甄选的推荐阅读书目，让学习者在学习中探索、尝试、提升、创新。学习者可以通过每一篇下设的每一个模块的引导问题开始进行知识点的了解和把握，在实践体验与探究中完成各项工作任务及考核，并进行该项任务的自我评价，自我总结后引发对知识和技能更深层次的思考、提炼与融合，以实现在练习体验中不断提高、最终掌握的目标。总体而言，本书知识架构紧凑、教学案例生动、重难点明晰，具有较强的可读性、操作性和趣味性。

本教材在编写过程中参阅了大量的文献资料，这些资料给予我们极大的帮助，在此对这些文献资料的作者表示谢意。由于编者水平有限，教材中难免存在疏漏之处，敬请大家批评和指正。

黄松　李燕林

2019 年 9 月

目 录
CONTENTS

模块二 “您的行李已经送到房间了”——礼宾服务

模块三 “欢迎光临，我马上为您办理入住手续”——入住接待

模块四 “您好，请问现在可以打扫房间了吗”
——客房清扫与管理

模块五 “我想您可能希望加一个枕头”
——房务中心服务

模块六 “您的账目已经全部在这了，您看可以吗”——财务收银服务

绪 论

党的二十大是在全党全国各族人民迈上全面建设社会主义现代化国家新征程、向第二个百年奋斗目标进军的关键时刻召开的一次十分重要的大会，是一次高举旗帜、凝聚力量、团结奋进的大会。党的二十大在政治上、理论上、实践上取得了一系列重大成果，就新时代新征程党和国家事业发展制定了大政方针和战略部署，是我们党团结带领人民全面建设社会主义现代化国家、全面推进中华民族伟大复兴的政治宣言和行动纲领，对于全党全国各族人民更加紧密团结在以习近平同志为核心的党中央周围，万众一心、接续奋斗，在新时代新征程夺取中国特色社会主义新的伟大胜利，具有极其重大而深远的意义。学习贯彻党的二十大精神，习近平总书记强调的“五个牢牢把握”是最精准的解读、最权威的辅导。要从战略和全局高度完整、准确、全面理解把握党的二十大精神，增强学习贯彻的政治自觉、思想自觉、行动自觉，为实现党的二十大确定的目标任务不懈奋斗。

一、深刻认识党的二十大胜利召开的伟大意义，提升新时代大学生政治站位

党的二十大担负起全党的重托和人民的期待，从战略全局深刻阐述了新时代坚持和发展中国特色社会主义的一系列重大理论和实践问题，科学谋划了未来一个时期党和国家事业发展的目标任务和大政方针，在党和国家历史上具有重大而深远的意义。

（一）这是中国共产党在百年辉煌成就和十年伟大变革的高起点上创造新时代更大荣光的大会

中国共产党在百年历程中共召开了十九次全国代表大会。党的二十大是我们党在建党百年后召开的首次全国代表大会，也是在新时代十年伟大变革的时

间坐标上召开的全国代表大会，具有特别的里程碑意义。

（二）这是推进实践基础上的理论创新、开辟马克思主义中国化时代化新境界的大会

马克思主义中国化时代化既是马克思主义的自身要求，又是中国共产党坚持和发展马克思主义的必然路径。中国共产党为什么能，中国特色社会主义为什么好，归根到底是马克思主义行，是中国化时代化的马克思主义行。党的二十大深刻阐述了习近平新时代中国特色社会主义思想的科学内涵和精神实质，深入阐释了开辟马克思主义中国化时代化新境界的重大命题并提出了明确要求，具有重大理论意义。

（三）这是谋划全面建设社会主义现代化国家、以中国式现代化全面推进中华民族伟大复兴的大会

现代化是各国人民的共同期待和目标。百年来，我们党团结带领人民进行的一切奋斗、一切牺牲、一切创造，就是为了把我国建设成为现代化强国，实现中华民族伟大复兴。在新中国成立特别是改革开放以来的长期探索和实践基础上，经过党的十八大以来在理论和实践上的创新突破，我们党成功推进和拓展了中国式现代化，创造了人类文明新形态。党的二十大明确提出以中国式现代化全面推进中华民族伟大复兴的使命任务，精辟论述了中国式现代化的中国特色、本质要求和重大原则，深刻阐释了中国式现代化的历史渊源、理论逻辑、实践特征和战略部署，大大深化了我们党关于中国式现代化的理论和实践。

（四）这是致力于推动构建人类命运共同体、携手开创人类更加美好未来的大会

当前，世界之变、时代之变、历史之变正以前所未有的方式展开，人类社会面临前所未有的挑战。世界又一次站在历史的十字路口，何去何从取决于各国人民的抉择。党的二十大深刻把握世界大势和时代潮流，宣示中国在变局、乱局中促进世界和平与发展、推动构建人类命运共同体的政策主张和坚定决心，为共创人类更加美好的未来注入强大信心和力量。

（五）这是推动解决大党独有难题、以党的自我革命引领社会革命的大会

全面建设社会主义现代化国家、全面推进中华民族伟大复兴，关键在党。党的二十大明确提出：我们党作为世界上最大的马克思主义执政党，要始终赢得人民拥护、巩固长期执政地位，必须时刻保持解决大党独有难题的清醒和坚定。

二、深刻把握党的二十大主题，激发新时代大学生爱国热情

党的二十大的主题，正是我们党对这些事关党和国家事业继往开来、事关中国特色社会主义前途命运、事关中华民族伟大复兴战略性问题的明确宣示，是大会的灵魂。习近平总书记在党的二十大报告中，开宗明义指出大会的主题："高举中国特色社会主义伟大旗帜，全面贯彻新时代中国特色社会主义思想，弘扬伟大建党精神，自信自强、守正创新，踔厉奋发、勇毅前行，为全面建设社会主义现代化国家、全面推进中华民族伟大复兴而团结奋斗。"这一主题明确宣示了我们党在新征程上带领人民举什么旗、走什么路、以什么样的精神状态、朝着什么样的目标继续前进等重大问题。《中国共产党第二十次全国代表大会关于十九届中央委员会报告的决议》指出："报告阐明的大会主题是大会的灵魂，是党和国家事业发展的总纲。"学习理解党的二十大精神，必须把握这一"灵魂"，抓住这一"总纲"。大会主题中的六个关键词语值得我们高度重视。

（一）旗帜

新时代新征程党高举的旗帜就是"中国特色社会主义伟大旗帜"。大会主题写入这一根本要求，既体现了中国特色社会主义历史演进的连续性、继承性，又体现了新时代党坚持和发展中国特色社会主义的坚定性、恒久性。

（二）思想

大会主题所指示的"全面贯彻新时代中国特色社会主义思想"，就是要求在新时代新征程必须全面贯彻习近平新时代中国特色社会主义思想。党的二十大报告对此作出全面部署。

（三）精神

继在庆祝中国共产党成立100周年大会上习近平总书记提出并号召继承发扬伟大建党精神后，党的二十大主题写入了"弘扬伟大建党精神"的要求，新修改的党章载入了伟大建党精神"坚持真理、坚守理想，践行初心、担当使命，不怕牺牲、英勇斗争，对党忠诚、不负人民"的内涵，这是党在自己最高权力机关及最高章程上的庄严宣示，明确回答了党以什么样的精神状态走好新

的赶考之路的重大问题，不仅是贯穿大会报告的重要红线，也是今后党的全部理论和实践的重要遵循。

（四）现代化

“现代化”即“全面建设社会主义现代化国家”。这一重要主题彰显了当前和今后一个时期党的中心任务。党的二十大庄严宣告：“从现在起，中国共产党的中心任务就是团结带领全国各族人民全面建成社会主义现代化强国、实现第二个百年奋斗目标，以中国式现代化全面推进中华民族伟大复兴。”“中国式现代化”成为这次大会的重要标识。

（五）复兴

在党的二十大主题中，前后用了三个“全面”，即“全面贯彻新时代中国特色社会主义思想”“全面建设社会主义现代化国家”“全面推进中华民族伟大复兴”。第一个“全面”规定了新时代党的创新科学理论的指导地位，第二个“全面”规定了新时代新征程的中心任务，第三个“全面”规定了党在新时代新征程的奋斗目标。大会主题中的前两个“全面”，以及报告全文使用的其他一百多个“全面”，都是为了实现“全面推进中华民族伟大复兴”这一根本目标。

（六）团结奋斗

“团结奋斗”是党的二十大主题的鲜明特色。除了在主题中要求“为全面建设社会主义现代化国家、全面推进中华民族伟大复兴而团结奋斗”外，“团结奋斗”一词还体现在党的二十大报告的标题、导语、正文、结束语各个部分。报告全文共使用 7 次“团结奋斗”、27 次“团结”，突出表达了这次大会的主基调。

三、深入学习领悟过去五年工作和新时代十年伟大变革的重大意义，增强新时代大学生民族自豪感

过去五年和新时代以来的十年，在党和国家发展进程中极不寻常、极不平凡。习近平总书记在党的二十大报告中全面回顾总结了过去五年的工作和新时代十年的伟大变革，深刻指出新时代十年的伟大变革，在党史、新中国史、改革开放史、社会主义发展史、中华民族发展史上具有里程碑意义。学习宣传、贯彻落实党的二十大精神，必须深入学习领悟过去五年工作和新时代十年伟大

变革的重大意义，坚定历史自信、增强历史主动，自觉在思想上政治上行动上同以习近平同志为核心的党中央保持高度一致。

党的二十大报告在总结党的十九大以来五年工作基础上，用“三件大事”、三个“历史性胜利”高度概括新时代十年走过的极不寻常、极不平凡的奋斗历程，从16个方面全面回顾党和国家事业发展取得的举世瞩目的重大成就，从4个方面总结提炼新时代十年伟大变革的里程碑意义。新时代十年的伟大变革，充分证明中国特色社会主义道路不仅走得对、走得通，而且走得稳、走得好。

四、深刻领会“两个结合”是推进马克思主义中国化时代化的根本途径，加强新时代大学生弘扬中华优秀传统文化教育

党的二十大报告提出，中国共产党为什么能，中国特色社会主义为什么好，归根到底是马克思主义行，是中国化时代化的马克思主义行。100多年来，我们党洞察时代大势，把握历史主动，进行艰辛探索，坚持解放思想和实事求是相统一、培元固本和守正创新相统一，把马克思主义基本原理同中国具体实际相结合、同中华优秀传统文化相结合，不断推进理论创新、进行理论创造，不断推进马克思主义中国化时代化，带领中国人民不懈奋斗，中华民族迎来了从站起来、富起来到强起来的伟大飞跃，实现中华民族伟大复兴进入了不可逆转的历史进程。

马克思主义理论不是教条，而是行动指南。习近平总书记在党的二十大报告中指出：“我们坚持以马克思主义为指导，是要运用其科学的世界观和方法论解决中国的问题，而不是要背诵和重复其具体结论和词句，更不能把马克思主义当成一成不变的教条。”坚持和发展马克思主义，必须同中国具体实际相结合。100多年来，我们党把坚持马克思主义和发展马克思主义统一起来，既始终坚持马克思主义基本原理不动摇，又根据中国革命、建设、改革实际，创造性地解决自己的问题，不断开辟马克思主义中国化时代化新境界。坚持和发展马克思主义，必须同中华优秀传统文化相结合。只有植根本国、本民族历史文化沃土，马克思主义真理之树才能根深叶茂。中华优秀传统文化源远流长、博大精深，是中华文明的智慧结晶，其中蕴含的天下为公、民为邦本、为政以德、革故鼎新、任人唯贤、天人合一、自强不息、厚德载物、讲信修睦、亲仁

善邻等，是中国人民在长期生产生活中积累的宇宙观、天下观、社会观、道德观的重要体现，同科学社会主义核心价值观主张具有高度契合性。中国共产党之所以能够领导人民成功走出中国式现代化道路、创造人类文明新形态，很重要的一个原因就在于植根中华文化沃土，不断推进马克思主义中国化时代化，推动中华优秀传统文化创造性转化、创新性发展。

五、牢牢把握全面建设社会主义现代化国家开局起步的战略部署，指引新时代大学生守正创新促发展

党的二十大站在党和国家事业发展的制高点，科学谋划了未来五年乃至更长时期党和国家事业发展的目标任务和大政方针，发出了全面建设社会主义现代化国家、全面推进中华民族伟大复兴的动员令。

“全面建成社会主义现代化强国，总的战略安排是分两步走：从二〇二〇年到二〇三五年基本实现社会主义现代化；从二〇三五年到本世纪中叶把我国建成富强民主文明和谐美丽的社会主义现代化强国。”党的二十大对全面建成社会主义现代化强国两步走战略安排进行了宏观展望，又围绕统筹推进“五位一体”总体布局、协调推进“四个全面”战略布局，从 11 个方面对未来五年工作作出全面部署，全面构建了推进社会主义现代化建设的实践体系。特别是把教育科技人才、全面依法治国、维护国家安全和社会稳定单列部分进行具体安排，充分体现了抓关键、补短板、防风险的战略考量，是党中央基于新的战略机遇、新的战略任务、新的战略阶段、新的战略要求、新的战略环境做出的科学判断和战略安排，必将引领全党全国各族人民有效应对世界之变、时代之变、历史之变，推动全面建设社会主义现代化国家开好局、起好步。

六、深入把握党的二十大关于文化和旅游工作的部署要求，推动文旅融合高质量发展

党的二十大作出推进文化自信自强、铸就社会主义文化新辉煌的重大战略部署，要准确把握社会主义文化建设的指导思想和原则目标、战略重点和主要任务以及中国立场和时代要求。

（一）要准确把握社会主义文化建设的指导思想和原则目标

报告指出：“全面建设社会主义现代化国家，必须坚持中国特色社会主义

文化发展道路，增强文化自信，围绕举旗帜、聚民心、育新人、兴文化、展形象建设社会主义文化强国，发展面向现代化、面向世界、面向未来的，民族的科学的大众的社会主义文化，激发全民族文化创新创造活力，增强实现中华民族伟大复兴的精神力量。”报告明确提出了社会主义文化建设的根本指导思想、基本原则和奋斗目标，坚持为人民服务、为社会主义服务，以社会主义核心价值观为引领，发展社会主义先进文化，弘扬革命文化，传承中华优秀传统文化，满足人民日益增长的精神文化需求，巩固全党全国各族人民团结奋斗的共同思想基础，不断提升国家文化软实力和中华文化影响力。

（二）要准确把握社会主义文化建设的战略重点和主要任务

党的二十大报告提出了建设具有强大凝聚力和引领力的社会主义意识形态、广泛践行社会主义核心价值观、提高全社会文明程度、繁荣发展文化事业和文化产业、增强中华文明传播力影响力五个方面的战略任务，准确把握、全面落实好这些战略重点和主要任务，对于推进文化自信自强，铸就社会主义文化新辉煌具有重要基础支撑作用。

（三）要准确把握社会主义文化建设的中国立场和时代要求

党的二十大报告指出：“中华优秀传统文化源远流长、博大精深，是中华文明的智慧结晶。”要把马克思主义基本原理与中华优秀传统文化相结合，不断推进马克思主义中国化，增强中华文明的传播力和影响力。

（四）以文塑旅、以旅彰文、推进文化和旅游深度融合发展

党的二十大报告明确提出：“加大文物和文化遗产保护力度，加强城乡建设中历史文化保护传承，建好用好国家文化公园。坚持以文塑旅、以旅彰文，推进文化和旅游深度融合发展。”这些重要论述，为文旅行业把握新发展阶段，贯彻新发展理念，构建新发展格局，推动高质量发展点明了方向，指明了路径，是未来 5 年乃至更长一段时间内文旅行业融合发展实践的根本遵循和行动指南，对文旅行业实现理念重构和实践创新具有非常重要的现实指导意义。

七、深刻把握团结奋斗的新时代要求，为文旅行业培养高素质人才

在党的二十大上，习近平总书记宣示新时代新征程党的使命任务，发出了全面建设社会主义现代化国家、全面推进中华民族伟大复兴的动员令。从现在

起，中国共产党的中心任务就是团结带领全国各族人民全面建成社会主义现代化强国、实现第二个百年奋斗目标，以中国式现代化全面推进中华民族伟大复兴。

美好的蓝图需要埋头苦干、团结奋斗才能变为现实。习近平总书记的铿锵宣示充满信心和力量——“党用伟大奋斗创造了百年伟业，也一定能用新的伟大奋斗创造新的伟业”。让我们更加紧密地团结在以习近平同志为核心的党中央周围，全面贯彻习近平新时代中国特色社会主义思想，坚定信心、同心同德，埋头苦干、奋勇前进，深入贯彻落实党的二十大精神和党中央决策部署，为全面建设社会主义现代化国家、全面推进中华民族伟大复兴而团结奋斗，在新的赶考之路上向历史和人民交出新的优异答卷！

相关链接1

关于党的二十大报告，必须知道的“关键词”

2022 年 10 月 16 日，中国共产党第二十次全国代表大会开幕，习近平代表第十九届中央委员会向大会作报告。一起学习报告里的这些“关键词”。

【大会的主题】

大会的主题是：高举中国特色社会主义伟大旗帜，全面贯彻新时代中国特色社会主义思想，弘扬伟大建党精神，自信自强、守正创新，踔厉奋发、勇毅前行，为全面建设社会主义现代化国家、全面推进中华民族伟大复兴而团结奋斗。

【三个“务必”】

中国共产党已走过百年奋斗历程。我们党立志于中华民族千秋伟业，致力于人类和平与发展崇高事业，责任无比重大，使命无上光荣。全党同志务必不忘初心、牢记使命，务必谦虚谨慎、艰苦奋斗，务必敢于斗争、善于斗争，坚定历史自信，增强历史主动，谱写新时代中国特色社会主义更加绚丽的华章。

【极不寻常、极不平凡的五年】

党的十九大以来的五年，是极不寻常、极不平凡的五年。党中央统筹中华民族伟大复兴战略全局和世界百年未有之大变局，就党和国家事业发展作出重大战略部署，团结带领全党全军全国各族人民有效应对严峻复杂的国际形势和接踵而至的巨大风险挑战，以奋发有为的精神把新时代中国特色社会主义不断推向前进。

【三件大事】

十年来，我们经历了对党和人民事业具有重大现实意义和深远历史意义的三件大事：一是迎来中国共产党成立一百周年，二是中国特色社会主义进入新时代，三是完成脱贫攻坚、全面建成小康社会的历史任务，实现第一个百年奋斗目标。

【新时代十年的伟大变革】

新时代十年的伟大变革，在党史、新中国史、改革开放史、社会主义发展史、中华民族发展史上具有里程碑意义。

【归根到底是两个“行”】

实践告诉我们，中国共产党为什么能，中国特色社会主义为什么好，归根到底是马克思主义行，是中国化时代化的马克思主义行。拥有马克思主义科学理论指导是我们党坚定信仰信念、把握历史主动的根本所在。

【中国共产党的中心任务】

从现在起，中国共产党的中心任务就是团结带领全国各族人民全面建成社会主义现代化强国、实现第二个百年奋斗目标，以中国式现代化全面推进中华民族伟大复兴。

【中国式现代化】

中国式现代化，是中国共产党领导的社会主义现代化，既有各国现代化的共同特征，更有基于自己国情的中国特色。

——中国式现代化是人口规模巨大的现代化。

——中国式现代化是全体人民共同富裕的现代化。

——中国式现代化是物质文明和精神文明相协调的现代化。

——中国式现代化是人与自然和谐共生的现代化。

——中国式现代化是走和平发展道路的现代化。

中国式现代化的本质要求是：坚持中国共产党领导，坚持中国特色社会主义，实现高质量发展，发展全过程人民民主，丰富人民精神世界，实现全体人民共同富裕，促进人与自然和谐共生，推动构建人类命运共同体，创造人类文明新形态。

【全面建设社会主义现代化国家开局起步的关键时期】

未来五年是全面建设社会主义现代化国家开局起步的关键时期。

【五个“坚持”】

我国发展进入战略机遇和风险挑战并存、不确定难预料因素增多的时期，各种“黑天鹅”“灰犀牛”事件随时可能发生。我们必须增强忧患意识，坚持底线思维，做到居安思危、未雨绸缪，准备经受风高浪急甚至惊涛骇浪的重大考验。前进道路上，必须牢牢把握以下重大原则。

——坚持和加强党的全面领导。

——坚持中国特色社会主义道路。

——坚持以人民为中心的发展思想。

——坚持深化改革开放。

——坚持发扬斗争精神。

【加快构建新发展格局】

必须完整、准确、全面贯彻新发展理念，坚持社会主义市场经济改革方向，坚持高水平对外开放，加快构建以国内大循环为主体、国内国际双循环相互促进的新发展格局。

【发展经济着力点】

坚持把发展经济的着力点放在实体经济上，推进新型工业化，加快建设制造强国、质量强国、航天强国、交通强国、网络强国、数字中国。

【实施科教兴国战略】

必须坚持科技是第一生产力、人才是第一资源、创新是第一动力，深入实施科教兴国战略、人才强国战略、创新驱动发展战略，开辟发展新领域新赛道，不断塑造发展新动能新优势。

坚持创新在我国现代化建设全局中的核心地位。完善党中央对科技工作统一领导的体制，健全新型举国体制，强化国家战略科技力量，优化配置创新资源，提升国家创新体系整体效能。

【全过程人民民主】

全过程人民民主是社会主义民主政治的本质属性，是最广泛、最真实、最管用的民主。必须坚定不移走中国特色社会主义政治发展道路，坚持党的领导、人民当家作主、依法治国有机统一。

【全面依法治国】

全面依法治国是国家治理的一场深刻革命，关系党执政兴国，关系人民幸福安康，关系党和国家长治久安。必须更好发挥法治固根本、稳预期、利长远的保障作用，在法治轨道上全面建设社会主义现代化国家。

【文化自信自强】

全面建设社会主义现代化国家，必须坚持中国特色社会主义文化发展道路，增强文化自信，围绕举旗帜、聚民心、育新人、兴文化、展形象建设社会主义文化强国，发展面向现代化、面向世界、面向未来的，民族的科学的大众的社会主义文化，激发全民族文化创新创造活力，增强实现中华民族伟大复兴的精神力量。

【为民造福】

治国有常，利民为本。为民造福是立党为公、执政为民的本质要求。必须坚持在发展中保障和改善民生，鼓励共同奋斗创造美好生活，不断实现人民对美好生活的向往。

【完善分配制度】

坚持按劳分配为主体、多种分配方式并存，构建初次分配、再分配、第三次分配协调配套的制度体系。努力提高居民收入在国民收入分配中的比重，提高劳动报酬在初次分配中的比重。坚持多劳多得，鼓励勤劳致富，促进机会公平，增加低收入者收入，扩大中等收入群体。规范收入分配秩序，规范财富积累机制，保护合法收入，调节过高收入，取缔非法收入。

【推动绿色发展】

大自然是人类赖以生存发展的基本条件。尊重自然、顺应自然、保护自然，是全面建设社会主义现代化国家的内在要求。必须牢固树立和践行绿水青山就是金山银山的理念，站在人与自然和谐共生的高度谋划发展。

【总体国家安全观】

国家安全是民族复兴的根基，社会稳定是国家强盛的前提。必须坚定不移贯彻总体国家安全观，把维护国家安全贯穿党和国家工作各方面全过程，确保国家安全和社会稳定。

【新安全格局】

我们要坚持以人民安全为宗旨、以政治安全为根本、以经济安全为基础、以军事科技文化社会安全为保障、以促进国际安全为依托，统筹外部安全和内部安全、国土安全和国民安全、传统安全和非传统安全、自身安全和共同安全，统筹维护和塑造国家安全，夯实国家安全和社会稳定基层基础，完善参与全球安全治理机制，建设更高水平的平安中国，以新安全格局保障新发展格局。

【开创国防和军队现代化新局面】

实现建军一百年奋斗目标，开创国防和军队现代化新局面。

如期实现建军一百年奋斗目标，加快把人民军队建成世界一流军队，是全面建设社会主义现代化国家的战略要求。必须贯彻新时代党的强军思想，贯彻新时代军事战略方针，坚持党对人民军队的绝对领导，坚持政治建军、改革强军、科技强军、人才强军、依法治军，坚持边斗争、边备战、边建设，坚持机械化信息化智能化融合发展，加快军事理论现代化、军队组织形态现代化、军事人员现代化、武器装备现代化，提高捍卫国家主权、安全、发展利益战略能力，有效履行新时代人民军队使命任务。

【坚持和完善“一国两制”，推进祖国统一】

“一国两制”是中国特色社会主义的伟大创举，是香港、澳门回归后保持长期繁荣稳定的最佳制度安排，必须长期坚持。

坚持贯彻新时代党解决台湾问题的总体方略，牢牢把握两岸关系主导权和主动权，坚定不移推进祖国统一大业。

解决台湾问题是中国人自己的事，要由中国人来决定。我们坚持以最大诚意、尽最大努力争取和平统一的前景，但决不承诺放弃使用武力，保留采取一切必要措施的选项，这针对的是外部势力干涉和极少数“台独”分裂分子及其分裂活动，绝非针对广大台湾同胞。国家统一、民族复兴的历史车轮滚滚向前，祖国完全统一一定要实现，也一定能够实现！

【人类命运共同体】

中国提出了全球发展倡议、全球安全倡议，愿同国际社会一道努力落实。我们真诚呼吁，世界各国弘扬和平、发展、公平、正义、民主、自由的全人类共同价值，促进各国人民相知相亲，尊重世界文明多样性，以文明交流超越文明隔阂、文明互鉴超越文明冲突、文明共存超越文明优越，共同应对各种全球性挑战。中国人民愿同世界人民携手开创人类更加美好的未来。

【新时代党的建设新的伟大工程】

全面建设社会主义现代化国家、全面推进中华民族伟大复兴，关键在党。我们党作为世界上最大的马克思主义执政党，要始终赢得人民拥护、巩固长期执政地位，必须时刻保持解决大党独有难题的清醒和坚定。全党必须牢记，全面从严治党永远在路上，党的自我革命永远在路上，决不能有松劲歇脚、疲劳厌战的情绪，必须持之以恒推进全面从严治党，深入推进新时代党的建设新的伟大工程，以党的自我革命引领社会革命。

【五个“必由之路”】

全党必须牢记，坚持党的全面领导是坚持和发展中国特色社会主义的必由之路，中国特色社会主义是实现中华民族伟大复兴的必由之路，团结奋斗是中国人民创造历史伟业的必由之路，贯彻新发展理念是新时代我国发展壮大的必由之路，全面从严治党是党永葆生机活力、走好新的赶考之路的必由之路。

【战略性工作】

青年强，则国家强。当代中国青年生逢其时，施展才干的舞台无比广阔，实现梦想的前景无比光明。全党要把青年工作作为战略性工作来抓，用党的科学理论武装青年，用党的初心使命感召青年，做青年朋友的知心人、青年工作的热心人、青年群众的引路人。

资料来源：人民网·中国共产党新闻网 .

相关链接2

9个重要表述，带你理解高质量

习近平在党的二十大报告中提出，必须完整、准确、全面贯彻新发展理念，坚持社会主义市场经济改革方向，坚持高水平对外开放，加快构建以国内大循环为主体、国内国际双循环相互促进的新发展格局。

中国式现代化

报告原文

在新中国成立特别是改革开放以来长期探索和实践基础上，经过十八大以来在理论和实践上的创新突破，我们党成功推进和拓展了中国式现代化。

中国式现代化，是中国共产党领导的社会主义现代化，既有各国现代化的共同特征，更有基于自己国情的中国特色。

高水平社会主义市场经济体制

报告原文

构建高水平社会主义市场经济体制。坚持和完善社会主义基本经济制度，毫不动摇巩固和发展公有制经济，毫不动摇鼓励、支持、引导非公有制经济发展，充分发挥市场在资源配置中的决定性作用，更好发挥政府作用。

现代化产业体系

报告原文

建设现代化产业体系。坚持把发展经济的着力点放在实体经济上，推进新型工业化，加快建设制造强国、质量强国、航天强国、交通强国、网络强国、数字中国。

乡村振兴

报告原文

全面推进乡村振兴。坚持农业农村优先发展，坚持城乡融合发展，畅通城乡要素流动。扎实推动乡村产业、人才、文化、生态、组织振兴。全方位夯实粮食安全根基，牢牢守住十八亿亩耕地红线。深化农村土地制度改革，赋予农民更加充分的财产权益。保障进城落户农民合法土地权益，鼓励依法自愿有偿转让。

区域协调发展

报告原文

促进区域协调发展。深入实施区域协调发展战略、区域重大战略、主体功能区战略、新型城镇化战略，优化重大生产力布局，构建优势互补、高质量发展的区域经济布局和国土空间体系。

高水平对外开放

报告原文

推进高水平对外开放。稳步扩大规则、规制、管理、标准等制度型开放。加快建设贸易强国。营造市场化、法治化、国际化一流营商环境。推动共建“一带一路”高质量发展。有序推进人民币国际化。深度参与全球产业分工和合作，维护多元稳定的国际经济格局和经贸关系。

共同富裕

报告原文

我们要实现好、维护好、发展好最广大人民根本利益，紧紧抓住人民最关心最直接最现实的利益问题，坚持尽力而为、量力而行，深入群众、深入基层，采取更多惠民生、暖民心举措，着力解决好人民群众急难愁盼问题，健全基本公共服务体系，提高公共服务水平，增强均衡性和可及性，扎实推进共同富裕。

新领域新赛道

报告原文

必须坚持科技是第一生产力、人才是第一资源、创新是第一动力，深入实施科教兴国战略、人才强国战略、创新驱动发展战略，开辟发展新领域新赛道，不断塑造发展新动能新优势。

和谐共生

报告原文

大自然是人类赖以生存发展的基本条件。尊重自然、顺应自然、保护自然，是全面建设社会主义现代化国家的内在要求。必须牢固树立和践行绿水青山就是金山银山的理念，站在人与自然和谐共生的高度谋划发展。

资料来源：http://finance.people.com.cn/n1/2022/1018/c1004-32547280.html.

相关链接3

高举中国特色社会主义伟大旗帜
为全面建设社会主义现代化国家而团结奋斗
——在中国共产党第二十次全国代表大会上的报告（节选）

八、推进文化自信自强，铸就社会主义文化新辉煌

全面建设社会主义现代化国家，必须坚持中国特色社会主义文化发展道

路，增强文化自信，围绕举旗帜、聚民心、育新人、兴文化、展形象建设社会主义文化强国，发展面向现代化、面向世界、面向未来的，民族的科学的大众的社会主义文化，激发全民族文化创新创造活力，增强实现中华民族伟大复兴的精神力量。

我们要坚持马克思主义在意识形态领域指导地位的根本制度，坚持为人民服务、为社会主义服务，坚持百花齐放、百家争鸣，坚持创造性转化、创新性发展，以社会主义核心价值观为引领，发展社会主义先进文化，弘扬革命文化，传承中华优秀传统文化，满足人民日益增长的精神文化需求，巩固全党全国各族人民团结奋斗的共同思想基础，不断提升国家文化软实力和中华文化影响力。

（一）建设具有强大凝聚力和引领力的社会主义意识形态

意识形态工作是为国家立心、为民族立魂的工作。牢牢掌握党对意识形态工作领导权，全面落实意识形态工作责任制，巩固壮大奋进新时代的主流思想舆论。健全用党的创新理论武装全党、教育人民、指导实践工作体系。加强全媒体传播体系建设，塑造主流舆论新格局。健全网络综合治理体系，推动形成良好网络生态。

（二）广泛践行社会主义核心价值观

社会主义核心价值观是凝聚人心、汇聚民力的强大力量。弘扬以伟大建党精神为源头的中国共产党人精神谱系，用好红色资源，深入开展社会主义核心价值观宣传教育，深化爱国主义、集体主义、社会主义教育，着力培养担当民族复兴大任的时代新人。推动理想信念教育常态化制度化，持续抓好党史、新中国史、改革开放史、社会主义发展史宣传教育，引导人民知史爱党、知史爱国，不断坚定中国特色社会主义共同理想。用社会主义核心价值观铸魂育人，完善思想政治工作体系，推进大中小学思想政治教育一体化建设。坚持依法治国和以德治国相结合，把社会主义核心价值观融入法治建设、融入社会发展、融入日常生活。

（三）提高全社会文明程度

实施公民道德建设工程，弘扬中华传统美德，加强家庭家教家风建设，加强和改进未成年人思想道德建设，推动明大德、守公德、严私德，提高人民道德水准和文明素养。统筹推动文明培育、文明实践、文明创建，推进城乡精神文明建设融合发展，在全社会弘扬劳动精神、奋斗精神、奉献精神、创造精神、勤俭节约精神，培育时代新风新貌。加强国家科普能力建设，深化全民阅读活动。完善志愿服务制度和工作体系。弘扬诚信文化，健全诚信建设长效机制。发挥党和国家功勋荣誉表彰的精神引领、典型示范作用，推动全社会见贤思齐、崇尚英雄、争做先锋。

（四）繁荣发展文化事业和文化产业

坚持以人民为中心的创作导向，推出更多增强人民精神力量的优秀作品，培育造就大批德艺双馨的文学艺术家和规模宏大的文化文艺人才队伍。坚持把社会效益放在首位、社会效益和经济效益相统一，深化文化体制改革，完善文化经济政策。实施国家文化数字化战略，健全现代公共文化服务体系，创新实施文化惠民工程。健全现代文化产业体系和市场体系，实施重大文化产业项目带动战略。加大文物和文化遗产保护力度，加强城乡建设中历史文化保护传承，建好用好国家文化公园。坚持以文塑旅、以旅彰文，推进文化和旅游深度融合发展。广泛开展全民健身活动，加强青少年体育工作，促进群众体育和竞技体育全面发展，加快建设体育强国。

（五）增强中华文明传播力影响力

坚守中华文化立场，提炼展示中华文明的精神标识和文化精髓，加快构建中国话语和中国叙事体系，讲好中国故事、传播好中国声音，展现可信、可爱、可敬的中国形象。加强国际传播能力建设，全面提升国际传播效能，形成同我国综合国力和国际地位相匹配的国际话语权。深化文明交流互鉴，推动中华文化更好走向世界。

资料来源：http://www.gov.cn/xinwen/2022-10/25/content_5721685.htm.

模块一

“您需要预订一间什么样的房间”

——预订服务

项目一 散客预订服务

任务 1	不见面的服务也可以如此暖心

学习目标

* 了解预订服务工作的范畴与类型。

* 能够独立掌握前厅预订服务的礼仪规范，掌握超额订房的纠纷处理方法。

* 熟悉预订服务的具体工作内容和要求。

情景导入

国庆期间本市所有酒店爆满，而且房价飙升。10 月 1 日 11：00 左右，某酒店接待员小于在繁忙的工作中接到一位张先生的电话。张先生是该酒店的常客，而且是协议单位的老总，所以小于格外小心。当时刚好还有一间标准间，小于就把它留给了张总，并与他约好抵店时间是当天 23：00。但是一直等到 23：40，张总还未抵店，在这半个多小时的时间里有很多电话或客人亲自到酒店来询问是否还有客房，小于都一一婉言拒绝了。之后小于想，也许张总不会来了，以前也有客人订了房间后不来住的，如果再不卖掉到了 24：00 就很难销售了。为了酒店的利益，避免白白空着一间房，23：50 小于把这间房卖给了一位急于用房的熟客。24：00 左右，张总出现在总台，并说因车子抛锚，手机没电，未及时通知酒店。一听说客房已卖掉，他顿时恼怒，立即要求酒店赔偿损失，并声称要取消与酒店的协议。小于应该如何解决这个问题？

引导问题：

1. 酒店预订有哪些途径和类型？

2. 请辨识下列图标（见图 1-1）哪些是旅游服务网站（A），哪些是酒店预订网站（B），哪些是酒店自营网站（C）？

图 1-1　常见旅游类网站

3. 酒店预订工作应向客人确认哪些基本信息？如何用服务语言向客人询问？

4. 酒店预订的工作程序是什么？

5. 预订中发生客房预订的失约行为如何处理？依据是什么？

6. 现在发展最迅速、各酒店也日趋重视的预订渠道是哪一种？它的优势和弊端有哪些？

实践设计：

请以情景导入提供的信息为主体内容，进行创编并模拟预订接待服务流程。

自我评价：

1. 熟悉预订系统操作：

□ 熟悉　　□ 刚了解　　□ 不熟悉

2. 熟悉酒店客房信息，能及时、准确把握房态动向：

□ 可以　　□ 需要帮助　　□ 不可以

需要帮助的问题是____________________。

3. 熟悉对客服务工作流程，能独立完成预订服务：

□ 可以　　□ 需要帮助　　□ 不可以

需要帮助的问题是____________________。

4. 掌握常见客人类型的沟通技巧：

□ 顺利　　□ 困难

需要改进的问题是____________________。

5. 掌握常见的客房推销技巧：

□ 恰当　　　　□ 不恰当

运用不当的原因是：________________。

通用知识

［预订服务工作规范］

客房预订工作，是指在客人抵店前对酒店客房的预先订约。即客人通过电话、电传、书信、网络等各种方式与酒店联系预约客房，酒店则根据客房的可供状况，决定是否满足客人的订房要求。酒店客房预订和销售的调节与控制通过预订处完成，它是服务于宾客的重要部门，并与多个渠道联系以获取更多优质的客源，因此，供职于该岗位的员工需要具备较强的沟通与销售的能力。

一、酒店预订员岗位

（一）素质要求

（1）高中以上文化程度，懂英语。

（2）具有较强的销售意识和灵活多变的推销技巧。

（3）善于与人打交道，有一定的公关能力。

（4）熟悉酒店有关客房销售的相关政策，并能灵活运用。

（5）相貌端正，身体健康。

（二）工作职责

（1）熟悉酒店有关客房销售的相关政策，充分了解并掌握酒店各类客房的规格、价格，有针对性地向客人推销，努力争取最佳经济效益。

（2）热情接待以各种方式前来预订的客人，积极、主动地提供服务。

（3）严格按照工作程序处理一切预订业务。

（4）尽可能掌握和熟悉贵宾、常客的有关情况，与各业务单位保持良好关系，以便做好接待推销工作。

（5）详细研究订房协议，了解并掌握所有的条款，以便在接待工作中做到有针对性。

（6）严格保证各种预报表的准确无误和宾客抵店前的一切准备工作及时、

准确。

（7）尽量保证各类统计报表及客史档案的准确性。

（8）注意保持与各班组和相关部门的良好关系，确保工作得以顺利进行。

（9）服从上级的工作安排，完成所分配的工作及额外任务。

（10）遵守酒店各项规章制度，努力钻研业务，不断为加强经营管理提出改善意见与建议。

二、客房预订方式、渠道和类型

（一）客房预订的方式

（1）电话预订。

（2）网络预订。

（3）传真预订。

（4）信函预订。

（5）当面预订。

（二）客房预订的渠道

（1）旅行社和其他订房代理机构。

（2）连锁酒店或合作酒店。

（3）航空公司或铁路运输部门。

（4）协议单位。

（5）友人。

（6）客人直接订房。

（三）客房预订的类型

1. 临时性预订

这类预订通常无担保，不收预订费或信用卡费，可以免费取消。酒店为客人预留房间的截止时间一般在入住当日 18：00。

2. 确认性预订

酒店通过发确认函或确认信息，与订房客人达成协议后，可以在未收取预付款的情况下为客人预留房间至协议时间点。此类预订通常是在淡季促销或客人属于贵宾级别的情况下适用。

3. 保证性预订

这是预订者通过协议承诺或预付了一天以上房费作为担保的预订形式，它能确保酒店为客人留房一天，适用于确定了行程的客人或旅游旺季。

4. 超额预订

所谓超额预订（Overbooking）是指酒店在订房已满的情况下，再适当增加订房数量，以弥补因少数客人预订未到（No show）、临时取消或提前离店而出现的客房闲置。做好超额预订的关键在于掌握有效的超额预订数量和幅度，避免或最大限度地降低失误而造成麻烦。从法律上讲，超额预订是违法的，因为酒店一旦与客人确认了订房，就是确定了客房出租的合同关系。因此，酒店一般会事先告知客人，酒店目前已经无房，如果客人可以接受，会把他们的预订放在等待名单中，一旦出现临时取消将第一时间通知客人。这样的处理降低了矛盾的发生率，但不能完全保证不出差错，需要酒店做好补救的预案。

三、预订工作流程

预订工作流程如图 1–2 所示。

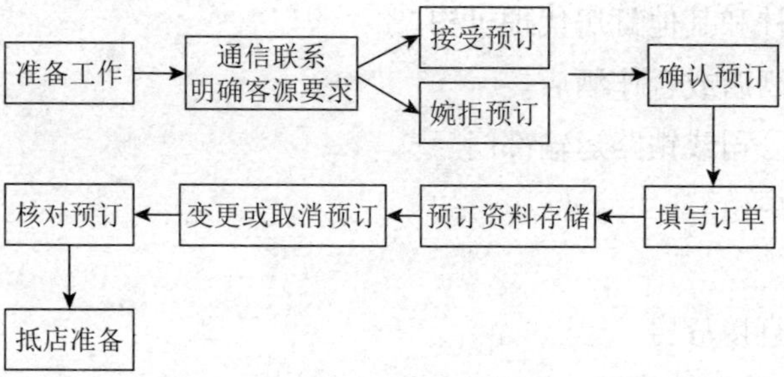

图 1–2　预订工作流程

（一）预订前准备工作

（1）按要求规范上岗，做好交接班工作。

（2）查看上一班预订资料，问清情况，掌握需处理的、优先等待的、列为后备的及未收定金的等候预订名单及其他事宜。

（3）检查工作设备。

（4）准备订单、预订表格等各种资料和用品，摆放整齐。

（5）迅速掌握当日及未来一段时间内可供预订的客房数量、类型、方位、价格标准及计价方式等，保证向客人销售产品的准确性。

（二）通信联系，明确客源要求

1. 电话预订

电话预订非常便利，是客人常用的预订方式，要做好客房的电话预订，服务人员应掌握酒店内外的信息资源，具备娴熟的专业技能，熟悉电话接听礼仪，能够迅速准确地理解客人的要求，按照酒店的服务规范有针对性地提供服务，圆满完成预订任务。

2. 网络预订

网络订房是当前国内外最为先进的订房方式。这种现代化的订房方式具有信息传递快、可靠性强等特点。随着现代电子信息技术的迅速发展和互联网的不断扩展，越来越多的客人采用这种方便、快捷、先进、廉价的方式进行客房预订。

3. 传真预订

与面谈和电话预订比较，沟通和情感交流是间接的，但是具有方便、迅速、准确和正规的特点，即发即收，内容详尽，能够传递图表、签名和印鉴。

4. 信函预订

信函预订是指客人以书信的方式向酒店提出订房。这种预订方式对酒店及客人双方都有约束力，因此许多客人愿意采取书面预订，尤其是旅行社、团队、VIP 客人等，酒店多以书面形式与其进行及时沟通，以满足客人的预订要求。

5. 当面预订

当面订房是客人亲自到酒店，与订房员面对面地洽谈订房事宜。这种订房方式能使订房员有机会详尽地了解客人的需求，并当面解答客人提出的问题，有利于针对性地推销酒店产品。

（三）接受预订或婉拒预订

酒店根据客人的需要及酒店可供应客房情况答复客人是否接受其预订，原则上采用客人预订的方式回复。即便是因客满而婉言拒绝客人预订要求，也并非意味着终止对客服务，可根据当时情况给予客人各种建议，以让客人满意。如为客人换另一类型的客房或推荐另外的酒店；也可将客人的订房要求、电话号码等记录在等候名单上，一旦有相应的空房，马上通知客人。

（四）确认预订

根据国际订房惯例，不管订房人以什么方式订房，只要客人订房与抵店日期之间有足够的时间，酒店都应向客人寄发书面订房确认书，以示对客人订房的承诺。确认书是酒店回答客人的订房已被接受的书面凭证，是双方之间发生权利和义务的协议书。通常，酒店会在客人抵达前一周把确认书寄到客人手中，对团体订房要提前更长时间，要有充分的时间让客人知道酒店为他保留了时间。确认书的内容包括：住客姓名、人数、抵离店时间、房间类型和数量、付款方式、房价、声明酒店取消预订的规定、感谢客人的选择、预订员的签名、日期等。

（五）填写订单

填写或在电脑上输入客人预订信息，以便及时跟踪管理，客房预订单如图 1–3 所示。

客房预订单

RESERVATION FORM

□新订 New Booking
□更正 Amendment
□取消 Cancellation

客人姓名 Guest Name	人数 Persons
到达日期 Arrival Date	离店日期 Departure Date
房间类别及数量 Type & No. of Room	房价 Rate
公司名称 Company Name	国籍 Nationality
订房人姓名 Reservation By	公司及电话 Company & Telephone
预付金 Deposit	付款方式 Payment Type
备注 Remarks	

预订员 Taken By ________ 日期 Date ________

图 1–3 客房预订单

（六）预订资料存储

纸质预订资料的存储应按照时间的长短，分别选择按时间顺序、姓氏顺序等方式存放。

（七）变更或取消预订

预订变更的常见原因有客人因自身情况变更而发生改变，也可能是酒店方原因需要客人更改预订。变更的工作步骤包括以下七步。

（1）查找原始订房单，并做出相应标记。

（2）询问并记录对方姓名、单位及联系方式。

（3）查阅有无符合客人要求的房间，或更改或取消，并将所取消预订作为候补优先等候名单处理，修改相应的订房资料（书面订单、电脑预订信息）。

（4）如果客人想要的房型已满，应做好客人的姓名及联系方式登记，以便有此房型时及时告知客人，增加预订量。

（5）书面变更需再次发预订确认书。

（6）如果是因酒店方面的原因导致预订变更，要向客人致歉并提供客人认可的解决方案。

（7）如果变更及取消涉及原有特殊安排，如鲜花、水果、房内特殊布置等，应立即通知相关部门。

（八）核对预订

在客人抵店前与预订单位或个人核实预订的相关信息，尽可能掌握主动，防止因预订变更或取消带来的混乱。针对预订情况，核实的时间相应安排在提前一个月、提前一周、提前一天及客人抵达当日。

（九）抵店准备

客人准备达到的当日，提前将预订信息（特别是 VIP 客人信息）通知相应部门。对贵宾及团队，可以根据客人订房要求，提前做好房间安排。

任务 2	来者都是客

学习目标

* 了解超额预订服务的规范。

* 能够运用工作技巧应对服务中出现的问题。

情景导入

黄先生夫妇喜欢利用节假日时间带孩子外出旅游，由于孩子还小，黄先生预订酒店时总会选择大床房这一类房型。这个假期，黄先生准备带孩子到海滨城市游玩，在网上通过第三方旅游网站预订了一间大床房，在预订成功后，他的手机收到了网站发来的提示短信。当黄先生一家如期抵达酒店时，却发现酒店没有为他预留房间，大床房已经全部售空。

引导问题：

1. 酒店的客房有哪些类型？

2. 不同类型的客房有哪些方面的差异？

3. 预订未到的情况应如何处理?

4. 第三方销售与酒店销售预订工作的衔接有哪些注意事项?

5. 前台如何做好超额预订到店客人的服务工作?

实践设计:

请以情景导入提供的信息为主体内容进行创编，并模拟接待服务流程。

自我评价:

1. 迎接客人是否做到十步微笑、五步问候:

□ 是　　□ 未留意　　□ 做不到

2. 能否在 3 分钟之内完成客人预订资料的查找并确认客人信息:

□ 规定时间内　　□ 超时 2 分钟　　□ 超时 5 分钟

3. 核实客人信息是否使用敬语:

□ 使用　　□ 有时使用　　□ 没有使用

4. 能熟练使用操作系统:

□ 熟练　　□ 不熟练

5. 能灵活处理超额预订接待中出现的常见问题:

□ 可以　　□ 不可以

无法完成的原因是 ____________________。

通用知识

［预订到店服务技巧］

一、客房的类型及房价的类型

“客房是客人在异乡的家”，这既是现代酒店业的销售卖点，更是客人选择酒店的重要因素，集安全、舒适、节能环保、观赏等多种功能于一体，在新材料的应用、家具选择、空间设计等多方面不断创新变革，使得酒店客房彰显独特的个性。

（一）客房的常见类型

（1）单人间（Single Room）：一间面积为16~20平方米的房间，内有卫生间和其他附属设施。房内设一张单人床。一些酒店推出的经济间或特惠间一般也属于单人间之列。

（2）标准间（Standard Room）：房内设两张单人床或一张双人床的叫标准间，这样的房间适合住两位客人和夫妻同住，适合旅游团体住。

（3）商务间（Business Room）：房内设两张单人床或一张双人床，一般情况房内都是可以有线上网的，以满足商务客人的需求。

（4）豪华间/高级间（Deluxe Room/ Superior Room）：房内也是设两张单人床或一张双人床，只是房间的装修、房内设施比标准间档次高，其价格也比标准间高一些。

（5）行政房（Executive Room）：多为一张双人床，此类型房间单独为一楼层，并配有专用的商务中心、咖啡厅。

（6）套间（Suite）：由两间或两间以上的房间（内有卫生间和其他附属设施）组成。

（7）双套间（Double Suites）：一般是连通的两个房间。一间是会客室，一间是卧室。卧室内设两张单人床或一张双人床。这样的房间适合夫妻或旅游团住。

（8）组合套间（Composite Suite）：这是一种根据需要专门设计的房间，每个房间都有卫生间。有的由两个对门的房间组成，有的由中间有门有锁的隔壁两个房间组成，也有的由相邻的各有卫生间的三个房间组成。

（9）多套间（More Apartment）：由三至五间或更多房间组成，有两个卧室各带卫生间，还有会客室、餐厅、办公室及厨房等，卧室内设特大号双人床。

（10）高级套间（Superior Suite）：由七至八间房组成的套间，走廊有小酒吧。两个卧室分开，男女卫生间分开，设有客厅、书房、会议室、随员室、警卫室、餐厅厨房设施，有的还有室内花园。

（11）复式套间（Duplex Suites）：由楼上、楼下两层组成，楼上为卧室，面积较小，设有两张单人床或一张双人床。楼下设有卫生间和会客室，室内有活动沙发，同时可以拉开当床使用。

部分酒店也会根据其所处的地理位置推出海景、山景、江景房等，或根据房间的特性来命名房间名称，但一般房内配置不会发生太大变化，如海景房或山景房基本属于豪华间的范围。

（二）房价的类型

酒店客房的市场交易价格可以分为下列 4 种基本类型。

1. 公布房价

公布房价就是在酒店价目表上公布的各种类型客房的现行价格，也称为基本价格、门市价或散客价。根据不同的计价方式，公布房价又可以分为下面 5 种类型。

（1）欧式计价（EP）。欧式计价指酒店的客房价格仅包括房租，不含餐食费用。在通常情况下，只要酒店未向宾客作特别说明的报价，均为欧式计价形式。

（2）美式计价（AP）。美式计价指酒店的客房价格包括房租以及一日早、午、晚三餐的费用。美式计价形式曾一度被几乎所有的度假酒店采用，但随着交通的发展，旅客的流动性增强，美式计价形式逐渐被淘汰，目前只有少数地处偏远地区的度假酒店沿用此种形式。

（3）修正美式计价（MP）。修正美式计价指酒店的客房价格包括房租和早餐以及午餐或晚餐的费用。修正美式计价形式也称“半包餐”计价，它既可使宾客有较大自由安排白天活动，又能为酒店带来一定的效益。

（4）欧陆式计价（CP）。欧陆式计价指酒店的客房价格包括房租及一份简单的早餐——咖啡、面包及果汁。欧陆式计价形式也称“床位连早餐”报价，此类报价形式较多地被不设餐厅的汽车旅馆所采用。

（5）百慕大计价（BP）。百慕大计价指酒店的客房价格包括房租及一顿丰盛的西式早餐。这种计价形式对商务旅客具有较大的吸引力。

2. 追加房价

追加房价是在公布价格基础上，根据宾客的住宿情况，另外加收的房费。通常有以下几种情况：

（1）白天租用价（Day Use Rate）。宾客退房超过了规定时间，酒店将向宾客收取白天租用费。

（2）加床费（Rate For Extra Bed）。酒店对需要在房内临时加床的宾客加收的一种房费。

（3）深夜房价（Midnight Use Rate）。宾客在凌晨抵店，酒店将向宾客加收一天或半天房费。

（4）保留房价（Hold Room Rate）。住客短期外出旅行，但需继续保留锁住客房的，或预订宾客因特殊情况未能及时抵店的，酒店通常要求宾客支付为其保留客房的房费，但一般不再加收服务费。

3. 特别房价

特别房价是根据酒店的经营方针或其他原因，对公布价格做出各种折让的价格。酒店日常采用的折让价格有以下几种：

（1）团队价（Group Charge）。团队价主要是针对旅行社的团队宾客制订的折扣价格，其目的是与旅行社建立长期良好的业务关系，确保酒店长期、稳定的客源，提高客房利用率。团队价格可根据旅行社的重要性和所能组织客源多少以及酒店淡、旺季客房利用率的不同加以确定。

（2）家庭租用房价（Family Plan Rate）。酒店为携带孩子的父母所提供的折扣价格，例如对未满6周岁儿童免费提供婴儿小床等，以刺激家庭旅游者消费。

（3）小包价（Package Plan Rate）。酒店为有特殊要求的宾客提供的一揽子报价，通常包括房租费及餐费、游览费、交通费等项目的费用，以方便宾客做好预算。

（4）折扣价（Discount Rate）。酒店向常客、常住客或有特殊身份的宾客提供的优惠价格。

（5）淡季价（Slack Season Rate）。酒店在营业淡季，为了刺激需求，提高客房利用率，而为普通宾客提供的折扣价。通常房价在标准价的基础上，下调一定的百分比。

（6）旺季价（Busy Season Rate）。酒店在营业旺季，为了最大限度地提高酒店的经济效益，而将房价在标准价的基础上，上浮一定的百分比。

（7）免费（Complimentary Rate）。酒店在互惠互利原则下，给予与酒店有双边关系宾客的免费招待待遇。免费的范围既可以包括餐费，也可以仅限房费。

4. 合同价

合同价（Corporate Rate）也称协议房价、批发房价，是酒店给予中间商的优惠价。中间商销售酒店的客房要获取销售利润，为此与酒店确定散客和团队的优惠价，使他们再销售酒店产品后有足够的毛利支付销售费用从而获得利润。根据中间商的批发量和付款条件，酒店给予中间商不同的数量折扣和付款条件折扣。

二、超额预订服务流程与规范

超额预订是指酒店在一定时期内，有意识地使用其所接受的客房预订数超过其客房接待能力的一种预订现象，其目的是充分利用酒店客房，提高开房率。

超额预订应该有个“度”的限制，以免出现因“过渡超额”而不能使客人入住，或“超额不足”而使部分客房闲置。通常，酒店接受超额预订的比例应控制在10%~20%，具体而言，各酒店应根据各自的实际情况，合理掌握超额预订的“度”。

当出现客人到店而无法入住的超额预订情况时，接待员的处理方法和程序如下。

（1）出现超额预订时，应仔细审核当日所有预订资料，看是否有重复、未及时更改的或取消的预订。

（2）对于重点宾客或保证类预订，应务必保证其订房，团队房则次之安排，最后安排一般类的预订房。

（3）通过各种方法查核酒店所有房间是否已100%地实际占用。

①打印一份当前房间状况报表与客房部核对每间房的实际情况。

②打印一份当日预计离店客人报表检查此类客人是否全部当天离店，注意不能接受任何续住请求。

③检查当日所有住店客人资料，看是否有提前退房的客人。

④打印一份待修房报表，与客房部核对是否有当天可以恢复的空房。

⑤检查当日是否有自用房，如有可向客务部总监请示，看是否有可能当天退出，以便提供给预订客人。

（4）计算当天所有可用房间数及预订房间数，统计出超订的房间数，及时上报主管或经理。

（5）由客务部总监出面，按统计出的房间数在其他饭店预订一日，或按照能准许客人返回本酒店的日期界限预订；当超额预订的客人到达后，总台要向客人做好解释说明，恳请谅解，适当时可请大堂副理或经理出面解释。

（6）做好超预订客人的安排工作并做好记录。按照国际惯例，酒店方面应该做到：

①诚恳地向客人道歉，请求管人谅解。

②立即与附近另一家相同等级的酒店联系，请求援助。同时，派车将客人免费送往已订好房间的酒店，该酒店的设施标准至少与本宾馆相同或高于本酒店。

③由本酒店至代订酒店的交通费及所订酒店房价高于本酒店房价的差额由本酒店承担。

④如属连住，则店内一有空房，在客人愿意的情况下，再把客人接回来，并对其表示欢迎（可由大堂副理出面迎接或在客房内摆放花束等）。

⑤如客人属于保证类预订，支付其在其他酒店住宿期间的第一夜房费，或客人搬回酒店后可享受一天免费房的待遇。

⑥总台应记录转店客人所住饭店的名称、房号及电话号码并通知总机，以便有事时转告。免费为客人提供一次长途电话费或传真费，以便客人能够将临时改变地址的情况通知有关方面。

⑦对提供了援助的酒店表示感谢。

（7）做好房间控制，一有空房立即留给以上客人，并立即通知大堂副理或客务部总监，以便由他们安排以上客人返回本酒店入住，维护本酒店信誉。

［**优质服务的内涵**］

美国旅馆和汽车旅馆协会主席 W. P. 费希尔认为：“优质服务是指服务人员正确预见顾客的需要和愿望，尽量提高顾客的消费价值，使其愿意与酒店保持长期关系。”这种学究式的解释只从管理者的角度出发，恐怕难以让服务员记住它、理解它，从而成为行动中的有效指南。

对于优质服务，每家酒店都有自己的理解。有的把它理解为“微笑服务”，有的理解为“周到服务”，有的认为是“宾至如归的服务”，还有的认为是“一种超值服务”，如此种种，都有其切实可取的一面。用英文单词 SERVICE 来诠释服务，或许能让我们更简单地理解它的内涵。

（1）S——Smile 微笑。发自内心、真诚的微笑是服务工作中看似最细微，却最能有效改善客户关系的服务行为。服务员应该对每一位宾客提供微笑服务。

（2）E——Excellent 出色。优质服务不是以一些宏大、惊人、高雅的动作来取悦于少数“VIP”的，而是体现在一些细小的让客人能从骨子里切实感受到酒店对自己的悉心关怀和至高尊重。服务员努力将每一项微小的服务工作做好，便是出色的服务品质。

（3）R——Ready 准备好。服务员要随时准备好为客人服务，愿意、乐意为客人提供服务。

（4）V——Viewing 看待。服务员要把每一位客人都看作需要给予特殊照顾的贵宾。

（5）I——Inviting 邀请。服务员在每一次服务结束时，都应该显示出敬意和诚意，主动邀请客人再次光临。

（6）C——Creating 创造。工作中应该想方设法精心创造出使客人能享受其热情服务的气氛。

（7）E——Eye 目光。保持目光的接触，预测宾客心理，预测宾客需求并及时提供有效的服务，让客人自始至终感觉到被热情款待。

项目二 VIP 客户预订服务

任务 1	预订不是服务的全部

学习目标

* 了解 VIP 客户服务内容。
* 能够独立完成与 VIP 客户的接洽工作。
* 熟悉与 VIP 客户沟通的技巧。

情景导入

点评标题：“无商不奸，很影响我对他家的印象”。

酒店信息：某品牌快捷酒店（长春店）房间卫生 4 分，周边环境 4 分，酒店服务 1 分，设施设备 2 分。

宾客评价：“用他家大客户协议在网站预订特惠大床房，无房。用携程，有房，价格比大客户协议贵 7 元，想着能用他家送的优惠券，抵扣 30 元，忍了。”

“办入住手续，出示优惠券，说不能用，明明注明了只有小时房不可以用，前台说解释权归各门店，那你东北区策划什么优惠活动啊，各门店有解释权，不给你东北区面子也不违规。”

“我说，给我商务大床房，大客户协议 152 元，再用优惠券抵 30 元，总比携程订的特惠大床房 132 元还省 10 元，房间还好些吧；前台说商务大床房只能按门市价 169 元，要不你就自己在去外面找网吧，去网上下订单才能给优惠。我愤怒了，当前台面撕了优惠券。”

“长春不只有你家，还有锦江、汉庭，本地的星月时尚连锁也很不错。你们继续这样对待顾客吧，衷心祝愿你家真能迅速发展。”

酒店反馈：“非常感谢您能够在第一时间将您的心情告诉我们，首先代表酒店向您表示歉意。我们会接受您的宝贵意见，改正不足！谢谢您！本店全体员工期待着您的再次光临和检验。”

对于 VIP 和大型团购客户，接待员该如何接待呢?

引导问题：

1. 本次销售的目标是什么？

2. VIP 客户约见应安排什么人接待，在哪里接待比较合适？

3. 约见前需要做哪些方面的材料准备？

4. 预约客户的基本礼仪有什么要求？

5. 酒店预订员应该了解酒店哪些关于销售服务方面的政策和流程？

6. 是否需要收取大客户的订金？如有订金，额度设为多少恰当？

7. 与散客相比，公司客人和团队客人有哪些差异？

8. 双方商议确定购买的服务项目与产品应如何获得保障？

实践设计：

1. HG公司准备在酒店召开产品推介会，邀请了亚洲区域分销商代表参加，约有 400 人出席本次推荐会。预订部小李与公司总部的办公室主任约好下午 3 点见面洽谈。请按本例情景内容进行创编并模拟接待服务流程。

2. 请根据课前情景模拟练习，如何解决客人的问题呢？

自我评价：

自我评价如表 1–1 所示。

表 1–1　自我评价

检查项目和内容	评价等级			
	优	良	合格	不合格
1. 与客人预约时间、地点比较恰当				
2. 准备各种产品、合约条款等资料充分，便于客人查阅了解				
3. 了解和熟悉酒店在销售方面的政策，能及时做出解答				
4. 遵守重大决定请示制度				
5. 合同的签订符合酒店管理工作流程的规定				
总成绩				

通用知识

[大客户预订服务工作规范]

一、销售部组织机构

销售部组织机构设置图如图 1–4 所示。

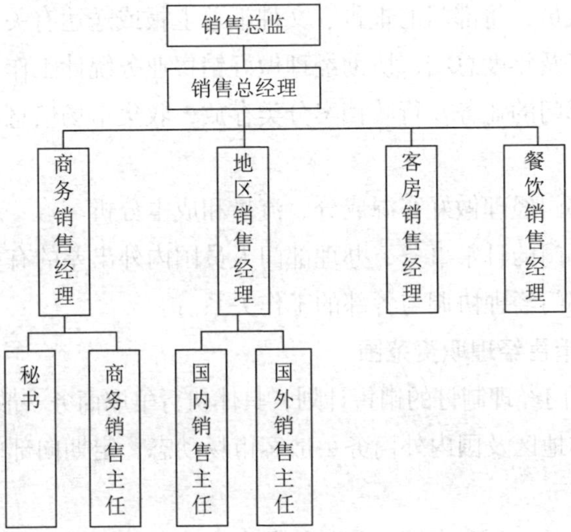

图 1–4 销售部组织机构设置

二、岗位职责

（一）销售部经理职责范围

（1）在总经理和市场销售总监的领导下负责酒店的市场开发，客源组织和酒店客房的销售工作。

（2）及时掌握国内外旅游市场动态，定期分析市场动向、特点和发展趋势，拟订市场销售计划，报上级审批后组织实施。

（3）密切联系国内外客户，了解市场供求情况，客户意向和需求，积极参加国内外的旅游宣传、促销活动，与各地区客户建立长期稳定的良好合作关系，不断开拓新市场、新客源。

（4）经常走访客户，征求客户意见，分析销售动态，根据市场变化提出改进方案，把握酒店的营销政策，提高酒店平均房价和市场占有率。

（5）协调各部门之间的关系，加强横向沟通，配合做好接待、销售工作。

（6）合理调配使用部门内部人员，调动员工的积极性，不断提高员工的工作效率和业务水平。

（二）销售部秘书职责范围

（1）协助部门经理处理销售部业务和行政工作；负责将酒店的各项文件和指令送达有关人员，将部门的报告、文件汇总上报或送达有关部门；协助经理做好月度、季度及年度总结；协助经理做好销售业务统计工作。

（2）负责部门的业务及行政档案分类存放，收集市场信息，供部门业务人员参阅。

（3）协助部门经理做好客源成分、流量和成本分析。

（4）负责部门的日常事务，办理部门人员国内外出差的有关安排。

（5）协助部门经理协调与各部的工作关系。

（三）商务销售经理职责范围

（1）根据部门经理制订的销售计划，具体执行争取商务、散客的销售工作。

（2）掌握本地区及国内外商务、散客市场动态，定期向部门经理提交销售调研报告。

（3）研究市场，预测商情，及时掌握市场动向，协助经理做好促销计划。

（4）制订、修改和审核有关报价信、合同及推销信件。认真做好商务、散客的客户档案资料管理工作。

（5）负责对销售主任的业务培训工作。

（6）定期提出销售计划中所负责部分的执行情况报告，并对计划执行中存在的问题提出意见。

（7）检查督导销售主任的工作，带领销售主任完成规定的营业销售计划。

（8）按计划走访客户，了解客户对酒店的意见，增强与客人的沟通，建立良好的客户关系。

（9）处理好客人与代理商的关系，正确运用和选择各种销售渠道，不断扩大销售网络，争取最佳的营业效益。

（10）制订所负责部分的销售计划，确定促销目标和销售重点。

（11）每月销售部汇报当月的销售情况和提出下月的工作计划。

（四）商务销售主任职责范围

（1）了解酒店对外销售方针，贯彻执行销售经理安排的工作。

（2）了解市场信息，定期向销售经理汇报工作情况。

（3）负责与客户之间的联系，外出拜访客户，密切与客户沟通，建立良好的客户关系。

（4）负责客户档案资料的管理工作。

（5）定期写出销售计划及执行情况的报告。

（6）协助酒店有关部门做好销售前台的接待工作。

（7）定期向销售经理提交销售工作报告、市场情况、存在的问题及今后工作的建议及设想等。

三、销售流程

销售过程中，需要解决两个问题：产品销售给谁以及该如何销售。

（一）产品销售给谁

从宏观的角度观察客户群，然后从战术的角度把目标锁定在某一特定的客户身上。例如在做销售时，客人若有我们自身能力无法满足的需求，我们会把客人介绍给那些专长在此的合作伙伴。如果强行拿下这个项目，客人会很快发现我们的不足，这将对长期的合作关系产生巨大的影响。

（二）如何销售

（1）一对一,一位销售员面向一位客户销售。

（2）一对多，一位销售员面向一个许多人组成的团体客户销售。

（3）多对一，集中部分销售人员面向一位客户销售。

（4）多对多，集中部分销售人员面向一个许多人组成的团体客户销售。

（三）销售过程

（1）Prospecting——对象。积累客户资料进行分析，确立他是不是适合你的客户。建立一个客户资料库，并具备让你的客户和所有认识的人帮助你推荐的技巧。

（2）Probing——探询。这个阶段千万不要急于推销，而是要与客户多交流，从而获取客户的情况、困难、问题、挑战等。掌握的信息越多，才能更清楚和理解客户的需求。当他准确地表达需求后，我们也就能将他的需求与期望确定下来。

（3）Presening——呈现。熟悉产品的特点和优势，充分运用创造力和技巧，有创意地运用产品的亮点，挖掘产品的利益并将之呈现在客户面前，去解决客户关心的问题，通过这种“组合与搭配”找出客户能够从中获得的利益。

（4）Clearing——澄清。大多数情况下，客户都会喜欢你推荐的产品，但是有时候一些小小的障碍会妨碍客户做出购买的决定，需要销售人员以乐观、积极、客观、专业的态度来排除客户的误解和疑虑。销售人员回应的方式会直接影响到销售的效果。

（5）Closing——成交。想办法帮助客户做出决定，而不是“逼着”他们购买。销售中还应注意自己的行为语言、行动和言语，准备好一些必要的东西（如合作协议等）来促成交易，还必须知道要说些什么以及成交后要停留多长的时间。

（6）Continuing——继续。成交并不意味着结束，成交是一个长期客户关系的开始。在初次合作的基础上积累客户信息，并注意及时了解客户需求的变化，以及客户对售后服务的要求。销售人员必须知道该做些什么，说些什么以及售后服务的目的所在。要及时察觉客户已经改变的期望，以及可能发生的商业损失。当新的期望出现，那就回到销售循环的第一阶段，从头开始。

任务2　客户关系经理让客人乐意成为回头客

学习目标

* 了解客户关系岗位的主要工作职责。
* 能够独立完成客户关系建立与维系工作。
* 熟悉对客沟通技巧。

情景导入

一位著名的管理专家去泰国的一个城市讲课，常住在同一家酒店。渐渐地，他发现这家酒店和其他酒店有些不同。一进入酒店，大堂就有人招呼行李员过来帮他拿行李；每次进出酒店，总有人关切地问候或了解他的服务需求。一天，他又见到一位几面之缘、身着别致制服的大堂员工，就问：“你们酒店有没有游泳池？”员工说：“有，上午 10 点以后开放。”他说：“我每天早上有游泳的习惯，能不能提前去呢？”员工回答得很爽快：“应该没问题，我去帮您沟通这件事。”没过多长时间就有人打电话给这位专家：“明天早上 7 点钟单独为您开放游泳池，您可以过来游泳。如果时间需要调整再告知我们。”

这位员工就是酒店的客户关系经理小敏。请问，小敏担任的是酒店哪一类型的工作？

引导问题：

1. 客户关系经理的主要岗位关系隶属于哪个部门？

2. 客户关系经理以哪些类型的客人为主要服务对象？

3. 下列情况下，客户关系经理常见的工作方法是什么？

（1）遇重大节日，客户关系经理常采用的问候礼仪：

□打电话

□带上礼物上门拜访

□寄送贺卡

□请客吃饭

（2）遇见客人有疑难问题请求帮助：

□交由礼宾部处理

□请客人到商务中心咨询

□亲自帮客人解决

□以上方式均可以，应视情况联系相关部门协助处理

（3）做好客户资料整理的常用方法有：

□收集客户名片

□整理客户电话通信录

□随时了解客户消费活动

□分类建立客户档案夹

4. 与客户接洽业务，需要注意备好哪些资料？

5. 常见的销售洽谈策略有哪些？

实践设计：

正值中午退房时间，某五星级酒店前台大部分员工正忙着为诸多客人办理退房手续之时，旁边响起了不和谐的催促和争执声，一位台湾客人在前台保险箱寄存了首饰与现金，而他自己管理的一把保险箱钥匙不见了，急着让前台服务员帮他砸开保险箱取出寄存物品去赶飞机。客户关系经理发现后连忙上前了解情况，协助处理。请以情景提供的信息为主体内容，进行创编并模拟客户关系经理服务流程。

自我评价：

1. 能否快速发现客人的需求：

□比较容易　　　□比较困难

2. 掌握处理客户关系的基本原则：

□掌握　　　　　□不清楚

3. 采取的解决方案是否有较好的效果：

□有　　　　　□没有　　　　　□不清楚

4. 是否有回访：

□有　　　　　□没有

通用知识

［客户关系服务工作规范］

一、酒店客户经理岗位职责

（一）隶属关系

客户经理的直属上级是营销部经理。

（二）联系部门

个人所负责的各政府机关、企事业单位、旅游部门、酒店各部门。

（三）职务概述

负责酒店客房、餐饮、会议等营业项目的推广和销售工作，对客户进行定期探访以维持良好的合作关系，通过落实各细分市场的客户开拓量化指标任务，协助部门完成既定的月度与年度营业预算。

（四）主要工作职责

（1）服从部门经理安排，参与各项接待活动。

（2）与业务客户、重点宾客保持密切联系，协助部门经理处理日常事务。

（3）积极开展市场调研工作，在保持老客户的同时及时发掘潜在客户，增加新的客源（如旅行团、新成立公司、会议、散客等）。

（4）接待来酒店参观的客人，介绍酒店的情况并注意听取客人对酒店的意见，及时向经理汇报。

（5）随时掌握各单位客户的新动态及近期安排，制订工作计划并及时展开营销活动。

（6）随时掌握同行的新动态和市场信息，为经理制订工作计划提供资料和合理化建议，协助经理开展营销活动。

（7）开展有计划的销售活动，进行销售访问，销售人员在销售访问结束后，应撰写销售访问报告。并为每个客户建立档案、完善营销计划书，有计划地发展新客户。

（8）做好部门的设备、办公用品、物品的管理工作。

（9）负责商务散客的订房，负责协议客户、旅行团、会议等团体预订的住宿、餐饮、用车等安排，做好 VIP 的接待工作。

（10）负责客户的一切事务，包括探访、档案建立、账款催收等工作。

（11）参加业务洽谈，受委托与协议客户、旅行社、团队消费单位签订销售合约，协议和办理续约手续，同时要做好各种订房资料、合同、客人资料等的档案工作。

（12）及时检查销售工作和计划实施情况，销售经理之间应经常互通信息，协调做好重要客人的促销工作。

（13）凡遇重大节日要向有业务联系的单位和个人、老客户、常客发贺信或贺年卡，如酒店举办何种纪念活动要邀请客户参加。

（14）参加每日下午的碰头会，向部门经理汇报工作进程。

（15）完成部门经理交办的其他工作。

二、酒店营销部经理岗位职责

（一）岗位职责

（1）在总经理和市场销售总监的领导下负责酒店的市场开发，客源组织和酒店客房的销售工作。

（2）及时掌握国内外旅游市场动态，定期分析市场动向、特点和发展趋势，拟订市场销售计划，报上级审批后组织实施。

（3）密切联系国内外客户，了解市场供求情况，客户意向和需求，积极参加国内外的旅游宣传、促销活动，与各地区客户建立长期稳定的良好合作关系，不断开拓新市场、新客源。

（4）经常走访客户，征求客户意见，分析销售动态，根据市场变化提出改进方案，把握酒店的营销政策，提高酒店平均房价和市场占有率。

（5）协调各部门之间的关系，加强横向沟通，配合做好接待、销售工作。

（6）合理调配使用部门内部人员，调动员工的积极性，不断提高员工的工作效率和业务水平。

（二）任职要求

1. 思想品德

（1）拥护党的基本路线，坚持四项基本原则。

（2）有强烈的事业心、责任感，善于社交，待客热情有礼。

（3）工作认真负责，注重调查研究，善于捕捉信息，勇于开拓，敢担风险，肯于负责。

（4）作风严谨、求实，以身作则，不谋私利。

（5）保守酒店的商业秘密。

2. 知识水平

（1）专业管理知识。熟悉酒店销售学、酒店管理学，掌握旅游经济学、旅游心理学、公共关系学方面的理论知识；掌握旅游市场动态、特点和发展趋势，熟悉酒店的产品结构、服务规范和质量标准；熟悉酒店整体服务质量和产品对外销售的总方针、总政策和销售策略；熟悉与各部门沟通联系的渠道；了解各酒店的竞争手段、价格水平、客户状态、客人的需求；熟悉涉外工作的礼仪、礼节。

（2）政策法规知识。熟悉国家和酒店有关销售价格调控和工商行政管理的法规和政策。掌握酒店对外销售的方针、政策，了解主要客源国的旅游法规，熟悉企业法、经济合同法和有关旅游法规。

（3）相关知识。熟悉酒店产品的特点，了解酒店业的依附性和客源市场需求的多变性，了解主要客源国的经济、政治、历史和风土人情等知识。

3. 工作能力

（1）分析、判断能力。根据酒店对外销售的总方针、总政策和总经理制订销售策略，根据市场情况和客源变化不断进行分析、判断，提出适合酒店的销售计划，并有针对性地提出具体客源市场的销售措施，以保证酒店的最佳的开房率和收益。

（2）开拓创新能力。根据客源市场变化的情况，不断巩固传统市场和客户；积极开发新市场、新客源，提出有利于酒店销售的新设想、建议。发展多层次的市场销售渠道。

（3）组织协调能力。有效地组织和调动部门内员工的积极性和创造性，积极开展销售工作；能协调酒店各有关部门的关系，妥善解决工作中出现的问题。能同各有关业务单位保持良好的沟通和交流，得到客户的信任和理解。

（4）业务实施能力。能按照酒店经营的总方针，积极开展宣传促销工作，对市场和客源的变化做出实事求是的分析。提出可行的销售计划，监督和保证酒店销售计划的实施。具有较强的控制能力和个别指导能力。

（5）社会活动能力。具有较强的社交能力，善于市场调查和信息沟通，能在各种场合与不同层次人员进行交谈，能圆满解决客人的要求，取得客户的信任，能争取各有关方面的支持和帮助。

（6）语言文字表达能力。能起草销售部的业务报告、销售计划，草拟部门的管理制度和工作程序，撰写专题报告、工作总结。熟练掌握一门或两门外语，能熟练运用外语与客人交谈、谈判和进行业务工作，阅读有关业务书信、资料。

4. 学历、经历、培训与身体素质

（1）学历：具备大专以上的学历。

（2）经历：从事前台或销售工作五年以上。

（3）培训：经过本岗位资格培训，取得岗位培训证书。

（4）身体素质：仪表端庄，精力充沛，体魄健壮。

模块二

“您的行李已经送到房间了”
——礼宾服务

项目一　顺利到达，安置妥当

任务 1	至尊嘉宾接送机服务

学习目标

* 了解接送机服务流程。。
* 能够独立完成接送客人服务工作。
* 熟悉酒店相关部门、岗位的沟通交流途径与方法。

情景导入

根据预订部提供的今日到达客人信息，某公司销售总监葛先生将于上午 11：30 抵达机场，对待这样一位酒店的至尊嘉宾，礼宾部的小刘不敢怠慢，经过一番准备，顺利到达机场迎接。下面让我们跟着他一起来了解机场接送机服务工作吧。

引导问题：

1. 上岗前，礼宾部员工应具备的个人形象准备包括：

□整洁的制服

□配饰恰当

□端庄的姿态

□清洁的个人卫生

□淡雅的妆容

□芬芳的香气

□其他

2. 交接班时，有哪些工作事项或信息需要确认清楚？

3. 接送机服务需要准备哪些物品？

4. 接机服务的工作流程是怎样的？

Step1

Step2

Step3

Step4

Step5

……

5. 送机服务的工作流程是怎样的？

Step1

Step2

Step3

Step4

Step5 [ ]

……

6. 请记录服务环节中，常用的对客服务用语或敬语。

7. 如果发生错接，是否应该告知已接客人？为什么？后续工作如何处理？

8. 如果发生漏接，正确应对的工作步骤是什么？

9. 酒店外围的环境有哪些因素是需要关注并收集信息为做好服务工作而用的？

实践设计：

* 请根据情景导入提供的信息进行模拟练习，预设 A 按时接到客人，B 接错客人，C 未接到客人的剧情，模拟应对策略和方法。

自我评价：

1. 个人形象准备工作评判：

☐ 得体　　☐ 一般　　☐ 不太清楚　　☐不得体

2. 具有上岗所需的良好仪容仪表和礼节礼貌：

☐ 适合上岗　　☐ 有待改进

3. 能与酒店相关部门或岗位人员合作完成服务工作：

□ 熟练准确　□ 需要指导　□ 不能完成

4. 能识别酒店员工并乐于与之协作：

□ 准确识别　□ 乐于协作　□ 不能做到

5. 具有节能意识、安全意识、服务意识：

□ 充分具备　□ 需要提示　□ 不具备

6. 具有规范的服务步骤，能顺利完成接送机服务：

□ 规范　□ 不规范

通用知识

［酒店礼宾部简介］

一、概况介绍

礼宾部隶属于前厅部，它是酒店较早面向客人，为客人提供服务的部门。礼宾服务，是由法语“concierge”一词翻译而来，也可译为委托代办服务。许多高档次的酒店都设立了礼宾部，这是为了体现酒店的档次和服务水准。而在一些中小规模的酒店中，则称为行李部。礼宾服务由酒店的礼宾部提供，其主要职责就是围绕客人需求提供“一条龙服务”。前厅礼宾服务是现代酒店对客服务中的一种新概念，它把迎送宾客服务和为进出店客人提供行李服务合为一体，并做出具体分工。按照服务程序标准化要求对上述两项服务做合理分工，突出宾客应享受的礼宾待遇。它较之过去传统的行李服务的概念更能体现酒店与宾客之间的关系，拓宽了对客服务的内容。礼宾部代表酒店直接负责迎送每一位客人，是前厅部的一个分部门，为客人搬运行李及行李的寄存服务，此外，还负责整理客人的邮件及整个酒店的报纸和邮件的派送，并负责客人车辆的安排。礼宾部的工作渗透于其他各项服务之中，缺少这项工作，会直接影响到酒店内部沟通以及酒店对外的声誉和形象。客人入住酒店第一个接触的部门便是礼宾部，而离店时最后所接触的也是礼宾部，所以，礼宾部员工的言行、举止直接代表着酒店，是酒店前台的“门面”。

礼宾部的工作特点：人员分散工作，服务范围大。在大中型酒店中，礼宾部一般下设迎宾员、门童、行李员、派送员、机场代表等几个岗位。礼宾部的工作人员在客人心目中常被视为“酒店代表”，其服务态度、工作效率和质量都会给酒店的经济效益带来直接的影响。

二、岗位职责

（一）主管职责范围

（1）根据前台部经理的指示开展工作。

（2）对员工的工作进行督导、管理，并对员工进行奖励或处罚。

（3）制订工作计划、培训计划等。

（4）做好与各种有关部门的协调沟通工作。

（5）参加部门管理人员会议，及时传达会议精神、有关通知和指示。

（6）协助制订本组有关的操作程序、工作要求，并督导执行、落实。

（7）熟悉机场、车站、码头等工作环境，及时反馈有关信息和情况。

（8）根据工作需要，制订本组人员的排班表，合理调配人力。

（9）妥善处理工作中的突发性情况并及时汇报。

（10）负责本组通信器材的使用、保养和管理，并对工作岗位卫生及人员执行纪律的情况进行检查和督促。

（11）做好各项工作的存档记录工作。

（二）酒店代表职员职责范围

（1）在机场、火车站等地欢迎和接待酒店客人。

（2）为客人提供快捷、妥当的服务，为客人安排回酒店的交通工具。

（3）为客人处理行李问题。

（4）回答客人询问。

（5）把握每一个机会，不失时机地推销酒店的各种产品，争取客源。

（6）及时反馈外部信息及最新的交通动态。

（7）保质保量完成预订接待工作和上级下达的工作任务。

（8）搞好与合作单位及同行的关系，维护企业形象和声誉。

（三）酒店代表操作规程

1. 各岗位工作内容安排

（1）酒店代表主管日常工作。

①检查员工到岗，考勤情况。

②检查员工仪容仪表。

③检查上班次完成工作情况及跟查落实。

④核对当天接待任务及工作，合理调配人力。

⑤检查通信工具、物资情况。

⑥了解当天开房率、VIP 情况。

⑦主持交班会，布置任务。

⑧参与接待服务工作。

⑨做好 VIP 接待工作。

⑩检查员工现场工作情况。

⑪及时汇报有关情况、信息。

⑫与汽车司机、汽车调度协调、沟通。

⑬与员工保持沟通。

⑭完成上级交代的工作。

（2）酒店代表主管周期工作。

①参加部门主管例会。

②完成每月月度总结。

③完成每月物资申领计划。

④完成每月员工考勤、外勤统计工作。

⑤完成酒店代表接待工作统计。

⑥制订周期卫生及检查工作。

⑦档案整理工作。

⑧制订员工培训计划，对员工考核及评估。

⑨制订有关的工作计划。

⑩协助办理出入证。

⑪与汽车部司机、汽车调度等协调、沟通。

⑫与前台各组主管协调、沟通。

⑬检查通信工具。

⑭制订维修保养计划。

（3）酒店代表工作内容。

早班上班时间为7：00~15：30，如早上有客人的接待任务，应相应提早上班时间，以能接到客人为原则。

早班的工作流程如下：

① 7：00到岗签到，并检查预订组订车簿是否有增加订车，委办是否有任务，以及通信工具的充电情况。

②向机场询问当天有订车客人所乘航班的预计起飞及到达时间。

③与票台联系，要求打印出当天各个有订车的国内航班的预计起飞及到达时间表两份，附在机场、车站来客名单后面。

④到汽车调度台再次确认所订车的出车及到达的时间以及停泊位置，并记录汽车部当天接到的有关接车任务。

⑤向接待组查询当天预计开房率和VIP情况并记录在交班簿中，以备各班同事在外工作时推销房间之需；如遇交易会或其他开房率高的时间需与接待组确认才能推销房间，并在交班簿中写明。

⑥取出接待夜班打印的“当天到达客人表”两份及“有到达航班的客人的报表”两份，用笔在有订车的客人姓名上做出明显的提示，并附上到达航班、时间、订车类型、订车数量、同行人数及有特别要求的。将各份“当天到达客人表”“有到达航班的客人的报表”及“航班查询表”装订为一册。

⑦检查夜班写的接客单拼写是否准确、是否齐全，在检查中还应将有关客人的特别要求（在预订车备注栏中）写在接车单背面。

⑧把车站与机场的接车表及接客单分别叠成两份，放于交班簿。

⑨负责跟查前一天天未接到客人的订车单的工作。

⑩与早班接送车司机联系确认是否随车赴岗及出车时间。

⑪负责跟办早上交班会所布置的任务。

⑫准时带手机出车，执行有关接车任务，在航班车次到达前15分钟到达出口处等候客人。

⑬下班前填写有关接机情况之交班表各栏。如有接不到客人而客人入住的情况，则要跟查清楚。如客人未到，则把情况在交班簿中写清楚，以备各班查。

⑭签退下班。

中班上班15：30~23：30，如遇23：00之后的国内航班或国际航班订车任务，则工作时间顺延至完成为止；如遇第二天凌晨的接车、船任务，也应完成。

中班工作流程如下：

①上班后签到，并马上检查登记簿当天预订车的接车任务，阅读交班部有关内容，向委办组查询有否工作任务。

②在交班簿中填写第二天的订车任务（写上有订车的到达航班号、到达时间、订车客人姓名、同行人数、订车类型、收费方式）。如果E/F的免费车应注明，并注意订车单备注栏的特别事项中注明是商务楼层的客人。

③查对、书写第二天订车任务的客人的接车单，并在单背面注明有关资料（有订车的到达航班号、到达时间、订车客人姓名、同行人数、订车类型、收费方式，如是商务楼层客人的免费车应注明），并在明显处写上特别事项。

④如早班有漏接客人的现象，中班应负责跟查。

⑤与夜班接送车司机联系出车时间。

⑥带车到机场，与早班职员交班，检查任务和物品情况。

⑦完成当晚之国内航班订车及国际航班的接车任务和临时增加的接火车任务。

⑧每2小时联系订房部一次，20：00~22：00离开机场前再联系一次。

⑨带对讲机回馆并关闭电源，并放于指定位置。

⑩回店后与汽车调度确认第二天订车是否需带车及带车时间，如不需带车，应确认订车停泊位置及到位时间。

⑪跟查当天漏接客人，如客人未到，应写在交班簿中，交明天A班跟查。

2. 各项业务操作规程

（1）接直通车的工作程序。

①酒店代表必须在直通车到达时刻前15分钟到站台内本馆柜台处，打扫好柜台卫生及再次核对本次列车的客人订车，并将订车客人的姓名写在酒店接客告示牌上，放在柜台显眼处。

②在站台内等候列车报站，报站后及时用手机通知行李组，准备好接待工作，在列车报站后不要随意走动，守候在本馆接待柜台处。

③如列车在预定时间内仍未到站，且没有具体到站时间，则应一直在站台内等候，不能随便走开，并需用手机把情况通知行李组、接待组，待得到到达时间后立即再行通知。

④在直通车到达前，了解接客车辆停泊情况，如遇车未到达，则要立即同汽车调度联系。

⑤主动向走向本柜台的客人打招呼，问明客人是否订了车，如果客人已经打了车，则要及时带领客人前去停车场乘车，订了房的而未订车客人，应该问清客人的姓名，尽快做好登记手续，并引领客人去坐我们的免费巴士。随时留心本车次的客人数量，在客人较多的情况下，及时向汽车调度联系，随时准备支援车辆。

⑥热情接待每一位客人，即使客人并未订房，对于此类客人，则应更加主动地介绍和推销本酒店设施设备，必要时视开房率而与接待组联系，给予折扣以吸引客人。

⑦如在旅客全部出闸后仍未接到订车客人，则应进入车站海关了解是否还有其他因故未能及时出关的旅客。如经过种种查询仍未接到客人，应打手机通知接待组，查询此客人有无入住，返回宾馆后做好漏接客人的追查工作。在下一班接待工作中，仍需张贴好上一班的漏接客人的姓名，以防客人坐下班车到达。

⑧回到宾馆后做好当天的工作记录及交班记录。

（2）车站 / 码头接客工作程序。

①酒店代表必须携带对讲机，并随时了解有关车次准确到达时间。

②在车到达的 15 分钟之前，到车站出口处等候。

③了解在同一时间是否有几班车同时到达，了解车站有关对应班车的放行路线。

④把需接客人的姓名，用正楷大字的中英文写在接车单上。

⑤随时向出闸的旅客了解有关的车次是否准确，接到客人后，立即带领客人到指定的停车场上车，并做好有关接客情况记录。

⑥在旅客出完后，如仍未能接到客人，则需在原地等候并留意逗留在出口处的旅客，以确认其是否是要接的客人。

⑦在原地等候超过 30 分钟，还未能接到客人，查出租车站也未见，即用对讲机通知车队和礼宾部，按漏接客人的工作程序跟查。

（3）机场接客的工作程序。

通常情况下，酒店代表早上 9：00 到晚上 11：00 在机场当值，为客人提供必要的服务。

接国际航班的工作程序：

①在国际航班到达前 15 分钟，必须准时到达国际候机楼柜台值班。

②随时向机场问询处咨询，掌握所接国际航班到达时间的最新情况。

③车辆到达国际机场的泊车场后，酒店代表需通知司机随时做好准备工作，待客人到达后，车辆准时停泊在候机楼门口处接客。

④酒店代表需将有关客人的姓名等，用正楷中英文写在酒店接待柜台迎客板上面，使客人一目了然。

⑤航班到达之后，酒店代表必须注意每一位出关的客人，必要时酒店代表要向有关的客人大声报“×××宾馆”。

⑥接到客人后，帮助提行李，并带客人到候机楼门外。

⑦在接客人记录簿上做好记录。

⑧如航班到达后，订车的客人一直未出现，应与海关联系，查询是否还有客人未出关，如有，应在候机楼继续等候。

⑨如超过 30 分钟后，仍未能接到订车的客人，将按照有关漏接客人的工作程序跟查。

⑩每隔两小时与订房部联络，查询是否有新增接客任务。

接国内航班工作程序：

①在机场当值的酒店代表，根据客人提供的航班，必须随时咨询机场有关方面，了解航班到达的情况。

②将有关客人的姓名等写在接车单上。

③查到航班到达时间之后，酒店代表必须在航班到达之前 15 分钟守候在国内到达厅出口处，等候客人。

④在航班到达之前，了解有关车辆停泊位置及车牌，必要时需知会车队有关车辆的情况。

⑤酒店代表必须清楚了解是否有几班国内航班同时到达。

⑥航班到达后，需向正在出闸的旅客了解其乘坐之航班次，如确认所接航班已到，则密切注意每位出闸的客人。

⑦高举接客牌，必要时可大声报“×××宾馆”以提醒有关客人注意。

⑧帮助客人提行李，并护送客人到车场乘车。

⑨在接客记录簿上做好记录。

⑩如在旅客全部出闸后，都未能接到客人时，必须在原地等候，继续向有关方面查询，了解航班是否到达或仍有客人没有出闸等，注意到达厅内的旅客，主动寻找客人。

⑪航班到达后超过30分钟，如经多方寻找仍接不到客人，即按有关漏接客人的工作程序跟查。

⑫做好交班簿的情况报告。

（四）工作纪律

（1）仪表整齐、服装干净，符合工作要求。

（2）站立服务姿势正确，不得倚墙靠柜，不得做小动作、闲谈或到处串岗。

（3）坚持“顾客至上”的服务宗旨，对客人服务应一视同仁，不卑不亢。

（4）与客人谈话时，态度要温和，礼貌用语不离口，声音要清楚，写字给客人看时，笔迹要清晰。

（5）当班时不准打私人电话。

（6）当班时不得在工作范围内高声谈笑、喧哗、唱歌、抽烟、吃零食等。

（7）严于律己，自觉遵守酒店的制度和合作单位规定。

（8）任何时候不准向客人索要或暗示要小费、向客人索取物品或兑换钱币。

（9）不得以工作之便，做有损酒店利益的事。

（10）团结合作，互相帮助，不传播流言。

［**仪容仪表规范**］

有关仪容仪表的规范如表2–1所示。

表 2–1　仪容仪表规范

<table>
<tr><th>类型</th><th>男性</th><th>女性</th></tr>
<tr><td rowspan="2">头发</td><td colspan="2">经常修剪头发，发型简单大方，不可剃光头
头发保持清洁，梳理整齐，定期洗头理发，头发无汗味，没头屑，头发保持自然黑色，不可染其他颜色
请用适量的发胶将头发梳理整齐
从事食品加工的员工应佩戴专用工作帽</td></tr>
<tr><td>前不及眉，旁不及耳，后不及衣领，长度保持领口 1 寸以上
不烫发</td><td>刘海儿不过眉，两侧刘海儿过长的需要发夹夹起
头饰、发夹款式简单，以深色为主
酒店所有女员工当班期间须将长发盘起</td></tr>
<tr><td rowspan="2">面部</td><td colspan="2">不吃有异味的食物、保持口气清新
禁止在面部有任何穿孔并佩戴饰物
经常留意及修剪鼻毛
从事食品加工的员工应佩戴专用口罩</td></tr>
<tr><td>胡子应每天刮净
禁止佩戴耳饰</td><td>化妆呈现干净、舒爽、自然的面貌，应化职业淡妆，或者至少有涂有口红（口红为红色系）
仅可佩戴耳钉，样式简单大方，色彩不能过于绚丽</td></tr>
<tr><td>手部</td><td colspan="2">指甲修剪整齐，保持清洁。指甲无黑边，需修为椭圆形
不留长指甲，不可以涂有色指甲油或做指甲彩绘
双手洁净，无污迹、笔迹
最多可戴 1 只指环，样式不能过于夸张、炫丽；各厨房员工不可佩戴戒指或指环
不可佩戴手链及手镯
手表之款式需简单大方
从事食品加工的员工应佩戴专用手套</td></tr>
<tr><td>身体</td><td colspan="2">每天洗澡，建议上班前洗澡，避免体味传出勿用过浓香水，应使用清淡香水
禁止在身体外露部位文身
不可佩戴过于炫丽和夸张的珠宝或饰物
从事食品加工的员工和工程部员工不应佩戴任何饰物</td></tr>
<tr><td rowspan="2">鞋袜</td><td colspan="2">穿设计简单的工鞋或黑色皮鞋
随时保持鞋面干净、平滑、光亮、无破损
鞋底不可钉金属掌底，以免出声音</td></tr>
<tr><td>袜子以深色单色系袜为主、无绣花
袜子每天更换，以保证无异味</td><td>鞋面不得有过分夸张的饰物
袜子应按酒店提供的样式选用，并每天更换，以保证无异味
丝袜要求无钩丝、无破洞
鞋跟要求以 1~1.5 寸为宜</td></tr>
</table>

续表

类型	男性	女性
员工制服	制服保持清洁，经常更换，并穿着整齐 内衣穿着应与制服搭配得体，袖口、领口不得外露，不能有图案映衬于制服上 衣袖、裤管不可卷起（厨师等岗位因工作需要可以例外，但需保持整体着装的美观大方） 名牌及员工证需按工种各自的标准佩戴。如有破损或脱落，应及时到人力资源部更换	

任务 2 团队嘉宾接送服务技巧

学习目标

* 了解接送站服务流程。
* 能够独立完成接送客人服务工作。
* 熟悉不同类型客人的服务于沟通技巧。

情景导入

礼宾部小张上班后，根据排班任务，准备迎接一个乘动车抵达本市的夕阳红团。团队客人共有 26 位，将于下午 4：30 抵达火车站，他要做哪些工作准备，如何顺利将客人接抵酒店？

引导问题：

1. 上岗前，礼宾部员工应做的个人准备包括：

2. 需要查看哪几类工作簿确认相关信息？

3. 车站、码头接站服务的工作准备与接机服务有哪些不同点？

4. 本次服务的对象有哪些特别的准备工作需要提前完成？

5. 请针对老年人、学生、公司职员等不同年龄、社会身份的客人设计服务用语。

（1）称呼及问候语。

（2）引领及提示语。

（3）沟通交流语音语调语速特点。

实践设计：

* 请根据情景导入提供的信息进行模拟练习，预设 A，接到夕阳红团队客人；预设 B，接到学生团队客人；预设 C，接到公司职员客人等几种剧情，模

拟服务流程和沟通交流语言。

自我评价：

1. 个人礼貌是否表现恰当：

□ 得体　□ 一般　□ 不太清楚　□不得体

2. 沟通方式与交流语言运用效果：

□ 顺畅　□ 一般　□ 有待改进

3. 能熟悉各项工作的流程：

□ 独立完成　□ 需要指导　□ 不能完成

4. 能熟悉酒店其他岗位联系方式并乐于与之协作：

□ 快速准确　□ 乐于协作　□ 不能做到

5. 具有灵活应变的服务能力：

□ 充分具备　□ 需要提示　□ 不具备

通用知识

［**不同年龄段客人服务特点**］

“一个尺码难以适合所有人”，饭店营销人员须知道不同年龄的消费者对住宿的舒适度、房价、安全等都有着不同的要求，年龄往往是影响购买行为的主要因素。按购买习惯可把消费者的年龄分为以下几类：6 岁以下（入托者），6~11 岁（孩童），12~19 岁（青少年），20~34 岁（青年人），35~49 岁（中年人），50~64 岁（成年人），65 岁以上（老年人）。

正因为人们年龄不同，他们的需求选择也不同。例如，一个身负背包的年轻人在夏天徒步旅行时，住宿更倾向于经济而不是奢华；另一方面，一个成年人到欧洲旅游，住宿寻求的是舒适、便捷而不是低成本。酒店针对不同的顾客群体设计不同的服务，分别给予他们以相应的特权和照顾，才能使客人获得宾至如归的体验感受。

一、老年客人

老年时期是人生的“银色时代”，老年市场被称为“银色市场”，老年顾客从身体条件来说，在视觉、听觉、味觉、嗅觉、触觉等能力较年轻时明显下降，反应迟缓，记忆力减退，睡眠减少，对冷暖等外界刺激较为敏感，容易疲劳、厌倦等，总体上需要获得更多的关照，行动不宜太快，强度不宜太大；从心理状况看，老年顾客是不喜欢孤独，又容易孤独，他们渴望与人接触，渴望得到社会、家人的尊重和关注；从消费能力来看，他们具有一定的消费实力，比较喜欢购买用惯的东西，对新商品常持怀疑态度；购买心理稳定，不易受广告宣传的影响；希望购买方便合适的商品；对服务员的态度反应敏感。因此，在提供服务时，都要用“情”贯穿始终，处处为老人着想，注重情感沟通。

二、中年客人

这个年龄段的客人一般都有了一定的事业基础和较为丰富的人生阅历，比较自信，对事物有自己的判断，既有传统的观念，对新时尚也有一定的追求，喜欢购买已被证明使用价值的新产品，且有着较强的购买力，多属于理智消费，讲究经济实用。这类顾客，若属高薪阶层的，注重的是品牌档次、生活环境和职业需要；若属一般收入者，追求的是安全、健康、品质、价格。服务这类客人应以亲切、诚恳、专业的态度对待顾客的各种提问并耐心细致地回答。以“理”相待，特别注重尊重客人的个人意愿。

三、青年客人

据国家统计数据，我国 14~29 岁的青年人群占我国总人口的 25% 以上，这一部分的消费者是酒店顾客的强大后备群体。他们对消费时尚反应敏感，喜欢购买新颖时髦的产品，购买具有明显的冲动性，购买动机易受外部因素影响，购买能力强，不太考虑价格因素，是新产品的第一批购买者。针对他们所提供的服务需要讲究热情、快捷，服务用语紧跟时代的潮流，用轻松的气氛融洽宾客关系。

四、儿童客人

酒店的顾客消费群体一般都是年轻人和中年人，但是他们的孩子和父母也是不能忽略的群体，如果酒店服务好了儿童和老年人，也将会提高酒店的回客率，进而提高酒店的效益。针对儿童客人的服务，一方面体现在对儿童本人方面，即对儿童的安全、细致的照顾；另一方面体现在对儿童的父母方面，即给予他们便利，让出门在外的他们享受如家一般的轻松自如。中国人常说“爱屋及乌”，孩子的父母也会通过酒店员工对孩子良好的服务态度感受到酒店优秀的服务品质。

项目二　行李服务，细心妥帖

任务 1	热心分送散客行李

学习目标

* 了解行李服务工作流程与规范。
* 能够独立完成对客行李服务工作。
* 熟悉行李服务工具的使用及技巧。

情景导入

吴先生一家三口假期自驾来到桂林旅游，出发前，吴先生在网上预订了该市的香格里拉大酒店。当吴先生一家驱车来到酒店门口时，迎宾员和行李员同时上前迎接他们，之后行李员小王热情地为吴先生一家提供了行李服务。请看看小王是怎么开展工作的吧。

引导问题：

1. 行李对客人来说意味着什么？

2. 行李员在岗时，应该站在什么位置才能做到最早发现客人到来并及时提供服务？

3. 行李员对客人表示欢迎的方式有哪些？

4. 如果门童不在，行李员帮客人打开车门时，应先开哪一扇门？服务顺序和动作有哪些规范要求？

5. 您如何判断客人的行李数量以及为其提供所需要的帮助？

6. 如图 2–1 所示，请问客人携带的这些行李如何安放处理？

图 2–1　常见行李

7. 如果是团队客人的行李，在装车及卸车时需要完成哪些工作？

8. 行李分送进房的服务规范是什么？

9. 为什么要做好工作记录？

10. 工作过程中，是否能向客人索要小费，为什么？

实践设计：

请以情景导入提供的信息为主体内容，进行创编并模拟行李服务流程。

自我评价：

1. 工作准备是否全面细致：

□ 是 □ 有待改进 □ 不太明确

需要改进的问题是 ____________________。

2. 能第一时间关注到客人的到来并热情上前问候及服务：

□ 立刻反应 □ 反应稍慢 □ 需要提醒

3. 行李装卸安全、合理：

□ 安全合理 □ 随意杂乱

4. 团队行李装卸流程规范无遗漏：

□ 细致规范 □ 有待改进

需要改进的问题是 ____________________。

5. 行李分送快捷、准确：

□ 是 □ 有差错

出差错的原因是 ____________________。

通用知识

［行李服务工作规范］

行李员又被称为“Bellboy”“Bell-man”“Bellhop”“Porter”，其工作岗位位于饭店大堂一侧的礼宾部。

一、应接服务规范

（1）上岗前，应先做自我检查，仪表仪容必须端庄整洁，符合要求具体如下：

①工装。

②黑皮鞋。

③工号牌。

④仪容仪表。

（2）上岗后，站立在规定的岗位，站姿端正，精神饱满，微笑自然，时刻做好迎送客人的准备。

（3）当客人乘坐的车辆到达酒店时，应主动为客提供开启车门服务，具体操作注意事项如下：

①一手拉车门，一手挡住车辆门框上沿（信佛教、伊斯兰教除外），以免客人下车时碰到头部。

②拉开车门客人下车时，应主动招呼问好：“先生 / 太太 / 小姐，早上 / 中午 / 晚上好，欢迎光临。”要求口齿清楚，礼貌问候，对熟客、常住客人应以姓名称呼。

③如遇客人乘坐的车辆不在规定的下车停靠线，应小跑至客人车旁为其开启车门；若遇老人、孩童、病残者应主动搀扶。

④若遇雨天，要备好雨具，为客撑伞，避免客人淋湿。

⑤客人下车时要看清是否有客人遗留物品，然后轻轻地把车门关上，并迅速指挥车辆停靠在规定的车位，保持车道畅通，同时记下车号。

（4）客人离店要车时，要主动向车辆驾驶员示意。客人上车时，要及时为客人开启车门，一手将车门拉开，一手挡住车辆门框上沿，避免客人在上车时碰痛；待客人坐稳后，要向客人微笑道别：“先生 / 太太 / 小姐（最好加姓氏），谢谢您光临，欢迎您下次再来，再见。”然后将车门轻轻关上，随后向客人及驾驶员点头微笑道别，示意迅速离开。

（5）酒店大堂主门的应接员要主动为出入的客人提供拉门服务。操作注意事项如下：

①右手门用右手拉，左手门用左手拉，步法为两部曲。

②当客人走近大门2米时，应微笑目视客人，并拉开大门迎候。

③当客人靠近时，要微微点头行礼，并向客人招呼问好：“先生/小姐，您好。”“欢迎再次光临，再见。”若知客人姓名，应按客人的姓氏称呼。

④关门时注意关门速度不要快过弹簧的回弹速度，也不能放手，以免撞上客人。

⑤没有客人出入时应保持关门状态，双手自然下垂，绝不能将身体靠在门上，或将手臂搁放在门把上。

（6）遇客人问询，应礼貌地给予回答，如不能确切告诉客人时，可请同事帮忙或请示上级解决，绝不可将错误、不准确信息告诉客人。

（7）下雨天，要将客人带入的雨伞放在专设的伞架上，雨天过后，就将伞架放回指定地方，并将雨伞放在不起眼的地方晾干；如有客人遗忘的雨伞，应及时交大堂招领保管。

（8）呼唤寻人，不允许叫喊，应走到客人身旁在适当的时间告知客人或者利用“寻人牌”，详见问讯寻人程序。

（9）接受客人预订车辆，必须问清车型、人数、时间、到达地点、是否来回，并记录下来，随后与租车公司联系，记清车号通知客人。

（10）保持酒店良好秩序，发现醉汉、精神病患者和衣冠不整等不宜进入酒店者，应接员有责任予以阻挡（以保护客人和自身安全为基础）并协助大堂副理和保安人员妥善处理。

（11）交接班换岗时要从大厅侧面行走（不能直穿大厅中间），换岗人未到之前不可离岗，换岗后离岗人要及时“列队”离岗。

二、行李服务工作规范

（一）散客抵店

（1）向客人微笑使用敬语以示欢迎，主动帮助客人从车上卸下行李，问清行李件数，同时记下客人所乘到店车辆号码。

（2）引导客人到服务台登记，办理入住手续。

（3）客人登记时，行李员以正确的姿势站立于客人身后 2 米处，替客人看管行李，并等候客人登记完毕。

（4）登记完后，接待员将 IC 卡和房卡交给行李员，行李员按房号引领客人进房，并将行李送进客房（开启房门时应先按门铃，以免出错）进房后迅速按客人吩咐放好行李。

（5）客人无其他要求时，即向客人道别，祝客人在酒店过得愉快，向客人微微鞠躬后倒退 2~3 步，然后转身离开房间，轻轻关上房门并立即回到行李房。

（6）回到行李房后，在散客行李进店记录上逐项登记清楚。

（二）散客离店

（1）行李员看见离店客人提着行李，应主动上前帮助搬运。

（2）接到离店客人要求搬运行李通知时，问清客人房号、行李件数及搬运时间。

（3）按时抵达客房门前，进房时应先按门铃，并有礼貌地招呼客人，表明自己的来意，征得客人同意后才能进房。

（4）行李多时，要带行李车上楼。

（5）与客人核对行李件数后同客人一起下楼到结账处，以正确站姿立于客人身后 2 米处，为客人看管行李，等候客人结账完毕，随同客人将行李送至门外并搬运上车，向客人道别，记下车牌号。

（6）回到行李柜台填写散客行李离店记录，注明客人的房号、行李件数、车号及经办行李员姓名。

（7）如客人不是马上离店，可将行李送行李房暂存，并按行李寄存手续办理。客人离店时按行李领取程序办理手续后，帮客人将行李搬运上车，再次请客人清点行李件数，提醒客人交回 IC 卡钥匙，向客人道谢，祝客人旅途愉快。

（三）团体抵店

（1）团队行李进店时，行李员领班带领行李员将团队行李集中、点数，并查看是否有破损行李，将行李总数填入团队入住登记，请送行李者签名认可。

（2）行李领班从团队接待负责人处获取团队的名单、房号。

（3）根据名单和房号，在每一件行李上系上行李挂牌并注上房号。

（4）根据不同的楼面，行李员按次序把行李送上楼。运送行李必须轻拎、轻卸、轻放，并尽可能使行李与客人不用同一电梯。

（5）行李员将行李送进房后，必须在行李员行李记录上做好记录。

（6）所有行李搬运完毕，将行李员行李记录报领班，并由领班填写团队行李收送记录，确保行李分送的总数与实际的总数相符，并将此表存档。

（四）团体离店

（1）每批团体抵店时要填团队入住登记，注明团体离店交出行李时间，中班行李员负责与次日离店团体负责人联系，再次确认团体行李交出的时间。

（2）根据团体名单和房号，由行李员领班安排行李员上楼搬运行李。

（3）行李员从每个房间搬出的行李数必须记录在行李员行李记录上，做到轻拎、轻卸、轻放。

（4）所有搬下的行李集中在指定地点，由领班负责清点行李总数，必须与分收的总数相符，然后将行李总数告知领队，签收团队入住登记单。

（5）行李领班填写团队行李收送记录后存档。

（6）行李未离店之前，需有专人注意看管，并需用绳子绑好盖上网罩。

（7）团体接待单位派车来运走行李前，请取行李者在团队入住登记单上签字并存档。

［**行李组常用设施设备**］

酒店行李组常用的设备包括行李组设备：行李车、行李网、行李寄存架、伞架、轮椅、婴儿车及包装行李使用的绳子、胶带、纸箱或纸张、剪刀等物品（见图 2–2）。

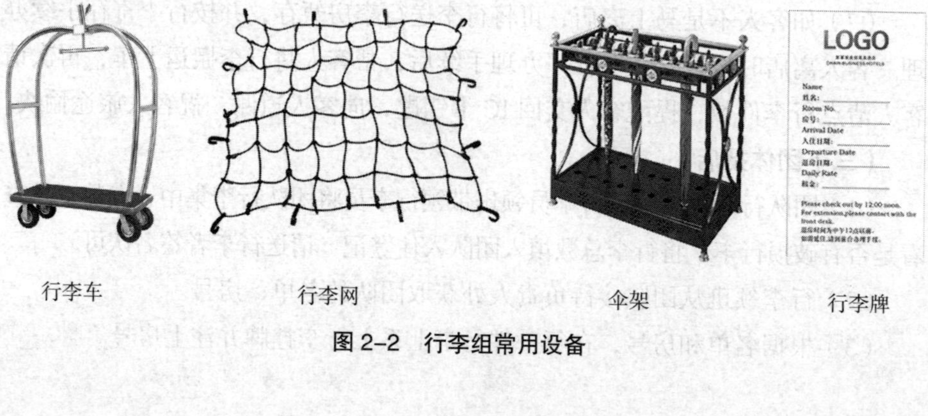

行李车　行李网　伞架　行李牌

图 2–2　行李组常用设备

任务 2	细心中转与分送 VIP 客户行李

学习目标

* 了解特色行李服务工作的流程与规范。
* 能够独立完成对客行李服务工作。
* 熟悉行李服务系列工作方法与技巧。

情景导入

周女士是一家外资企业的高管，也是某五星级酒店的常客。因公务原因她于近日来到 S 市，下榻在常住的这家五星级酒店。酒店派车至机场将周女士接到了酒店，行李员小孙热情地为周女士提供了 VIP 行李服务。待客人在行政楼层办理好入住手续时，行李也已经送入房内。请问小孙的行李服务与一般行李服务有哪些不同之处呢?

引导问题：

1. 行李中转服务的含义是什么?

2. 如何将接机服务与行李服务有效衔接?

3. 礼宾员与行李员的关系是怎样的？

4. 行李直接进房需要注意哪些方面的问题，以避免和客人产生纠纷？

5. 如何引领客人到达客房并做介绍？

实践设计：

请以情景导入提供的信息为主体内容，进行创编并模拟行李服务流程。

自我评价：

1. 迎接客人是否做到十步微笑五步问候：

□ 是　　□ 未留意　　□ 做不到

2. 引领客人出入无人服务的电梯时，行李员能做到先入后出；出入有人服务的电梯时，引导者应后入先出：

□ 可以　　□ 未留意

3. 引领客人到房间的途中遇见其他客人时，行李员能礼貌问候：

□ 能　　□ 未留意

4. 客人行李交接及送进房的流程规范无遗漏：

□ 细致规范　　□ 有待改进

需要改进的问题是＿＿＿＿＿＿＿＿＿＿＿＿。

5. 行李分送快捷、准确：

□ 是　　□ 有差错

出差错的原因是＿＿＿＿＿＿＿＿＿＿＿＿。

通用知识

［行李服务技巧］

一、如何搬运行李

（1）从车上取下行李时，要清点并检查完客人的行李后，视行李的多少，决定用手提的方式还是使用行李车。

从客人处收取行李时，应当在接到客人收取行李的指令后，问清客人的房号、行李件数、收取时间等信息，迅速进房提供服务。如客人在房内，则应帮助客人清点行李，将行李牌系上填好的行李牌；若客人不在房内，应请楼层服务员开启房门，并取出行李，核对件数，同时，检查房内是否有客人遗留的物品等。

（2）搬运行李时，客人的贵重物品、易碎品，如手提包、手提电脑、照相机等，应让客人自己保管。

（3）装行李车时，应注意将大件、硬件、重件放在下面，小件、软件、轻件则装在上面。同时应注意搬运行李时，不可用力过猛，更不可用脚踢客人的行李。

二、如何引领客人

行李员在搬运客人行李的同时应兼顾介绍酒店基础设施与服务，引领客人尽快到达房间休息的责任。引领客人时，应走在客人的左前方，距离客人两三步，随着客人的脚步走，在拐弯处、台阶处或人多时，应回头招呼客人。进出电梯应给予客人提示，请客人先进出电梯。对第一次入住酒店的客人，可在行进途中适时介绍酒店的特色，新增的服务设施和项目、营业时间、特别推广活动等，进入房间后，应简单介绍酒店设施设备的使用方法或注意事项。

［行李服务用语］

一、欢迎语

初次见面的客人：您好！欢迎光临；欢迎您；欢迎入住 ×× 酒店 / 参观我们酒店。

熟悉的客人：见到您很高兴 / 非常高兴再次见到您 / 李总，您来啦！欢迎、欢迎！

二、称呼语

泛尊称：男士称“先生”；已婚女性称“夫人”“太太”；未婚称“小姐”；无法判断称“女士”。

荣誉性称呼（学位、军衔）：首长（好）、× 教授、× 博士，姓氏 + 职务 / 职业：× 总、× 工、× 局长、× 主任、× 所长、× 师傅。

其他称呼：阿姨、大爷、奶奶、同学；您的朋友、那位先生、那位女士。

三、问候语

初次见面的客人，标准式：您好！欢迎您！（被介绍时）请多关照！请多包涵！

见到熟悉的客人，轻松式：一路辛苦了，近来好吗？ / 用餐了吗？

面对多位客人：大家好、各位同事好、各位领导好！

根据时间或节日：早、早上 / 中午 / 下午 / 晚上好；新年好，× × 节快乐 根据客人状态差异（身体欠佳 / 疲惫 / 服药）：您今天感觉好些了吗？ 您昨晚休息得还好吗？

四、引领语

引领入住或就餐：我帮您提行李，这边请；请往这边走、请跟 / 随我来；请往前走，靠右边第几间；请坐、请这边坐。

遇障碍物提醒：小心台阶 / 转弯 / 水渍 / 桌椅。

乘坐电梯：（员工进入电梯后站在控制面板前）引（请从这里乘坐，请稍等，您先请 / 上）、指（请直走、电梯在您的右手边）、迎（请问您到几楼）、送（× 楼已到，请慢走）、同乘（不好意思 / 这里是 × 楼，可以和您一起乘坐电梯吗，谢谢）。

指引水果店 / 药店 / 超市 / 文具店 / 蛋糕房：您出酒店大门向右走，过第一个人行横道，对面就有……

指引银行柜员机 / 柜台、银行：我们酒店总台对面大厅休息区域旁就有 ×

行柜员机/您出酒店大门右边国税大厅内有 × 行柜台可以办理业务/您出酒店大门左转直走 100 米左右，就有 × 行。

五、征询语

询问姓名：您好，请问怎么称呼您？您贵姓？请问您的单位名称？请问您登记的全名是？请问哪位是 ××？

询问需求：请问您有什么需要？需要我为您做什么？会务组：您还有其他吩咐吗？请问有什么我可以为您效劳？需要我帮您……吗？遇可疑人：请问您找哪里？请问您找哪位？请稍等，让保安来陪同您好吗？

征询服务：引领入住时：请出示您的房卡，我为您开门好吗？您的行李放这里可以吗？我为您续上水/斟茶/开夜床/关上门好吗？需要为您介绍一下房间吗？

电话征询：输送服务：您好！我是服务员，请问刚才是您需要饮料/烟/充电器/接线板吗？好的，我们有……您需要哪种？好的，马上为您送来，请稍等！

敲错门/错按门铃：您好！请问是您需要 ××××（洗衣、擦鞋服务）吗？很抱歉，打扰您了（切忌一声不响离开）。

征求意见：您对我们的服务满意吗？您觉得这种形式可以吗？要不您先试试？您觉得我们还有哪些方面需要改进？非常希望您能为我们留下宝贵的意见和建议！

六、应答语

宾客呼叫时，肯定式：您好！好的、请稍等、马上来；我明白、没问题；一定照办；我一定尽力！

宾客致谢时，谦恭式：没关系/不用谢，这是我应该做的！请不必客气，很高兴为您服务！您过奖了！谢谢您的夸奖！我一定更加努力！很荣幸为您服务！

宾客致歉时，谅解式：没关系/不要紧/不麻烦，您不用放在心上。

七、致谢语

常用语：谢谢、太好了、非常感谢、麻烦您了。

客人提出意见/夸奖：谢谢您的宝贵意见，我会转告我们的管理层，改进我们的工作！给您添麻烦了/让您费心了，十分感谢您的热心指教；非常感谢您的意见和建议；谢谢您的帮助/谅解/夸奖/鼓励/提醒。

感谢并提醒客人配合：请您提醒您的朋友将烟头/瓜皮/纸屑丢入烟缸/垃圾桶内，谢谢您的合作/支持/配合/理解！

八、致歉语

不能满足客人的需求时，需用商量的语气：对不起，请稍候/请您稍等一下/让您久等了；对不起，这个问题我暂时无法为您解决，我请示一下稍后给您回复好吗？对不起，请稍等，我尽力为您联系！

引发宾客不满时，语气非常诚恳：实在对不起，这是我的过失，请您原谅！/由于我们的工作疏忽，给您增添了麻烦！实在对不起，让您久等了，我们马上为您……

设备出现问题（无网、电视机信号、电梯慢、停水电）：很抱歉，由于现在网络无法连接/电视没有信号/电梯进行维保/自来水公司管道维修/供电公司正在检修，我们正在联系相关部门尽快恢复，恢复后立刻告之您好吗？

打扰或即将打扰宾客时，需轻声说：请原谅，打扰您了；很抱歉、失礼了；不好意思，借过一下/打扰一下。

需要客人给予配合时：对不起，我没有听清楚，麻烦您再重复一遍好吗？很抱歉，麻烦您将电视音量调小一点可以吗，谢谢您！

九、婉拒语

客人赠送礼品或其他：谢谢您的好意/您对我工作的认可，但我不能接受您的礼物！承蒙您的厚意，但是会违犯酒店的规定，希望您理解！

遇客人纠缠：对不起，我还有其他的工作，再见！非常抱歉，酒店规定员工工作期间不得……您若有任何需求，请拨打服务电话2001，我们酒店所有员工竭诚为您服务。

无法满足客人的要求（打地铺/带宠物/房间噪声大/要求送麻将/送火锅/朋友聚会等）：很抱歉，为了您的身体健康/您的安全/保证您舒适的睡眠/不影响其他客人休息，请……为了给您提供一个清新/卫生/干净的居住环境，我建议您到……

客人消费不能签单需付现金时：很抱歉，房费中不含其他消费 / 接待方没有给我们授权，请您付现金！

住店客人不在房间，访客要求进入：很抱歉，住店客人没有留言可以开门，请您到大厅等候 / 请您与他电话联系。

十、祝福语

祝您住店愉快 / 心想事成 / 学业有成 / 旅途愉快！祝您生日快乐！祝您节日快乐、祝您圣诞 / 新婚快乐、新年快乐等。

十一、告别语

常用语：再见、明天见、晚安、您慢走、您走好。

宾客离店或送入电梯时：祝您一路平安！欢迎您再次光临！祝您旅途愉快 / 一路顺风、注意安全、欢迎您下次再来！

任务 3	妥帖寄存客人行李

学习目标

* 了解行李寄存流程与规范。
* 能够独立完成对客行李寄存服务工作。
* 熟悉行李存放与提取的方法及技巧。

情景导入

李教授进入酒店办理入住手续时得知，由于目前是旅游旺季，酒店客房入住率很高，此时又正值退房时段，他预订的房间还没有清扫完毕，但李教授约好了时间需要马上赶往合作单位洽谈工作。于是，他赶紧将行李箱及随身携带的一包赠送给亲戚的特产（需要冰镇）带到了礼宾部，希望帮助他暂时存放行李物品。行李员小伍恰巧是第一天上岗，对工作流程还不太熟悉，作为同事，该如何指导及协助他办理行李寄存手续呢？

引导问题：

1. 上岗时，如何做好寄存行李的交接管理工作？

2. 请根据行李寄存服务工作流程设计对客服务用语：

（1）称呼客人并热情问候。

（2）填写行李牌。

（3）检查行李并向客人说明。

（4）将寄存行李放入行李房。

（5）客人取行李时，请客人出示行李牌。

（6）客人遗失行李牌，应核实其身份证件及住宿信息等情况。

（7）取出行李请客人核实，做好登记工作。

3. 请正确填写下列行李牌（见图 2–3）。

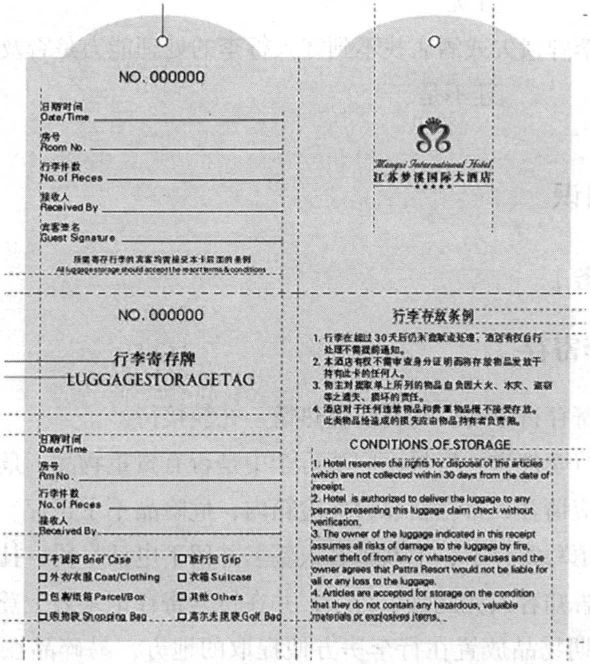

图 2–3　行李牌

实践设计：

请根据情景导入的内容，模拟训练行李寄存与提取服务工作流程。

自我评价：

1. 上岗时，交接班检查工作是否全面细致：

□ 是　　　□ 随意性大　　　□ 无检查

2. 办理客人行李寄存程序是否规范完整：

□ 是　　　　□ 有遗漏　　　　□ 随意性大

3. 行李牌信息填写是否完整：

□ 是　　　　□ 不是

4. 对待客人的行李是否简单粗暴：

□ 是　　　　□ 轻拿轻放，摆放有序

5. 是否注重了外加服务：

□ 有注意　　□ 无

6. 客人行李牌遗失或酒店找不到客人行李的处理能力是否及时、有效：

□ 是　　　　□ 不是

通用知识

［行李寄存服务］

一、行李寄存

（1）宾客寄存行李时，礼宾员应热情、礼貌接待。

（2）问清行李件数、房号，问清行李中是否有贵重物品、危险品或易碎物品。贵重物品应请客人寄存在总台保险箱内，危险品不予寄存。

（3）认真填写寄存卡，上联请客人签名并留下电话号码，挂于行李上，下联交于客人并告知客人凭此领取行李，并在行李寄存记录表上登记。

（4）将短期物品放置在行李房方便提取的地方，易碎品在行李卡上注明“小心轻放”。

（5）一位客人有多件行李时，用绳子将行李串联在一起以免拿错。

二、行李寄存的注意事项

若寄存超过 3 个月，先通过客人寄存时留下的联系方法联系客人，如联系不到客人，则由前厅经理和礼宾主管一同打开客人寄存物品，如有客人联系方法继续联系。如仍联系不到客人的，对不可利用物品如私人衣物、药品、食品等统一销毁。可再利用物品，经前厅经理同意后礼宾部自行处理，并在行李寄存登记本上登记最后处理结果、处理人。

三、提取行李

（1）认真核对行李卡，至行李房迅速找到行李交给客人。

（2）行李卡应该保留一个月，由领班在月末进行检查，存档。

（3）若客人不慎遗失行李卡，与客确认行李特征、存入时间，并回行李房寻找，找到后应请客人出示有效证件、复印证件并且签名。在行李寄存登记本上登记，再将行李交还给客人。

（4）将行李搬运出店或送到房间。

四、提取行李注意事项

对于超出客人预订领取时间的，先联系收物人，告知有转交物品请其来取，如联系不上则联系交物人领回。

五、行李转交

（1）客人转交行李时礼宾员要礼貌、热情接待。

（2）问清客人大约何时取、行李件数、房号，问清行李中是否有贵重物品、危险品或易碎物品。贵重物品不予转交，易碎品要在行李牌上注明“小心轻放”。

（3）在行李牌上留下交物客人信息：姓名、联系方法。收物人信息：姓名、联系方法。将行李牌背面向外挂在行李上。同时告知客人来取时报姓名、联系方法便可取。同时留下存放日期、时间、经办人信息。

（4）物品转交记录本上做好登记。

（5）客人领取时，报姓名、联系方法。员工仔细核对无误交予客人，并请客人在物品转交记录本上签字。

六、行李转交注意事项

客人领取行李时，仔细核对客人所报房号、姓名、联系方式等信息，确认信息无误后将行李归还客人，并帮客人将行李搬运到店外装车。

项目三　委托咨询，及时方便

任务 1	得体解答是咨询服务基本规范

学习目标

* 了解行李服务工作流程与规范。
* 能够独立完成对客行李服务工作。
* 熟悉行李服务工具的使用及技巧。

情景导入

这天傍晚，礼宾部的小林刚结束手头上一些工作，在岗上值班，便看见一位中年女士急匆匆地走进酒店，直奔他的工作台而来，未等他开口招呼，女士快言快语问道："能帮我找一下住你们酒店的客人吗？"小林赶紧安抚她："您好，女士，有什么需要我帮忙？您想找哪位客人？"女士又说她不知道客人的姓名，只知道是住这家酒店。小林经过耐心询问才弄清楚，原来这位女士几年前曾经帮他人抚养过一个孤儿，孩子之后被外国人收养，她得知近日收养者带着孩子回到故乡，勾起了她对孩子的思念之情，所以特意跑来看望孩子。请问这样的情况下小林该如何处理才恰当呢？

引导问题：

1. 对待客人的咨询，我们服务的基本原则是什么？

2. 礼宾部提供的常用信息有哪些类别？

3. 信息的收集途径有哪些？

4. 提供咨询还可以准备哪些物品以备说明？

5. 提供咨询服务时，宜常用哪类语气进行沟通？

实践设计：

请以情景导入提供的信息为主体内容，进行模拟礼宾咨询服务。

自我评价：

1. 对客服务语言注意讲究礼貌性：

□ 讲究　　　　□ 随意性大　　　　□ 不讲究

2. 对客服务语言应用的沟通技巧能得到客人认可：

□ 认可　　　　□ 不认可

3. 咨询信息比较全面丰富：

□ 是　　　　□ 不是

4. 注重咨询信息的更新：

□ 注重　　　　□ 不注重

5. 咨询时备用资料和材料丰富：

□ 有　　　　□ 无

通用知识

［**咨询服务工作规范**］

礼宾部的咨询服务工作与前台的咨询服务是关联与互补的关系。客人往往对酒店的岗位设置不甚了解，当他们需要获得一些服务信息的时候，也就没有过多考虑应该是去前台还是就近问一问礼宾部了。因此，礼宾部同样担负着与前台咨询服务内容相同的工作。

一、查询服务标准

（1）客人到礼宾部问询时，在离柜台 3 米内主动问好。热情、耐心地聆听客人。

①若问酒店服务设施，应耐心介绍，不可用食指指示方向，应用手掌指示；若客人想参观酒店客房、餐厅，可转交大堂副理带其参观。

②若问店外有关信息（购物场所、旅游景点、娱乐餐饮等），及时回答客人，不清楚的，请客人稍候，询问其他人。

（2）客人电话问询：振铃三声内接听。

二、来访客人

（1）来访者知道住店客人姓名及房号，直接指引客人上楼。

（2）来访者只知住店客人姓名不知房号，通过电脑查询，避开来访者与客人联系，在住店客人允许后，才可告诉来访者客人房号；对于来访者只知房号，不知客人姓名，不可以告诉来访者客人的姓名，可让其用电话与客人联系。

（3）因公务与酒店有关部门联系来访者，问清来访者姓名及单位，避开来访者，征得有关部门秘书同意后，方可告诉其部门位置，或找大堂副理帮助客人。官方人员来访交予大堂副理处理。

三、留言服务标准

当入住客人外出后有访客前来时，礼宾员可引领客人到前台，由前台接待员接待。接待员应在留言条上留下来访者及来电者的姓名、留言内容及回电号码，并与来电者复述确认。记录在留言记录中。留言条须在 30 分钟内送入客房。

四、客人保密服务标准

礼宾员有责任保证客人入住时的个人信息保密。

五、客人钥匙丢失处理标准

当客人到礼宾部诉说其钥匙丢失或忘在房间等情况，礼宾员应热情、主动地向客人问好，予以同情安慰，并引领客人到前台处理。前台人员应礼貌请客人出示房卡或询问客人姓名、地址及身份证号码等，通过电脑查询属实后，向客人致谢，可为其重新做一把钥匙，并请客人速回房开门，以使新钥匙代替旧钥匙，否则不予以做钥匙。

六、转交物品服务标准

（1）住店客人要求礼宾部转接物品时，可在接待处填写转交物品单，在单子上写清楚转交人及接收人的姓名、地址、电话，以便总服务台及时通知。

（2）当住店客人外出，来访者转交给住店客人物品时，应按照以上做法，让来访者填写转交物品单，并及时让行李员送留言，通知客人回来时取；做好交班记录。

任务 2	快捷办理客人委托代办服务

学习目标

* 了解委托代办、住客函件传递、转交物品等服务工作内容与流程。
* 能够独立办理委托代办服务工作。
* 熟悉委托代办事项的要求和规定。

情景导入

2013 年 8 月 19 日上午，礼宾员小杨为一位美国客人预订了出租车并将其送往机场，大约 40 分钟后，客人给小杨打来电话，声称他在房间的衣柜里遗落了一个文件袋，里面有他即将签约的文本材料，急需酒店提供帮助，希望尽快帮他把材料送达机场。请看看小杨是如何处理该问题的吧。

引导问题：

1. 受理客人办理委托代办服务时应该注意哪些问题？

2. 需要收费的委托代办业务如何向客人说明？

3. 如何避免因委托代办业务而引发的投诉？

4. 委托代办业务项目有哪些？

实践设计：

请以情景导入提供的信息为主体内容，进行模拟委托代办服务。

自我评价：

自我评价如表 2–2 所示。

表 2–2　自我评价

实训项目	评价内容	评价结果		
		语言艺术	服务流程规范性	应变技巧
委托代办服务	邮件服务			
	物品转交			
	代购物品			
	问询服务			
	订房服务			
	订餐服务			

通用知识

［委托代办服务工作规范］

委托代办服务，是国际五星级酒店高水平、高素质服务的象征。在日常服务中，想方设法地为住客排忧解难，尽一切力量去满足客人的需要。只要是合法的事情，我们都会去做，而且要做好，要令客人满意。要搞好托代工作，不仅要有高度的责任心和义务感，还要有渊博的知识，才能把这“一条龙”的服务办好，才能办得有特色。

一、常见的委托代办项目

（1）行李服务（提供快捷、准确、安全的行李运送及寄存服务）。

（2）房间预订（提供当地及异地订房服务）。

（3）委托订车（提供出租车及旅游车预订服务）。

（4）票务预订（提供异地车票及当地车票、飞机票预订服务）。

（5）订餐服务（提供酒店内、外各类餐饮预订服务）。

（6）物品代购（提供商务用品、日用品、鲜花、地方特产代购服务）。

（7）修补服务（提供鞋、服装、皮箱等修补服务）。

（8）邮寄托运（提供邮寄、托运及快递服务）。

（9）问询服务（提供各类信息查询服务）。

（10）其他服务（提供胶卷冲洗、代印名片等商务服务）。

二、工作要求

（1）客人需要为其外出购物、修理等代办服务由礼宾部受理。详细记录客人的委托要求。

（2）填写委托代办服务通知单，向客人说明大约所需的费用和费用是否签入房账，收取预付款和有关证件，注明具体要求。

（3）请客人签名确认。代办服务通知单一联交给客人，一联交给外出代办的行李员。

（4）按客人的要求迅速办理或交有关组派员办理。

（5）行李员外出服务完毕，将物品交礼宾部柜台签收。

（6）由礼宾部柜台通知客人，若客人在房间，可安排行李员将物品送至客房或根据客人要求处理或请问讯处做一留言送入客房。

（7）事情处理后，无论办成与否，都要尽快通知客人，做好交接班，并将票据交接清楚。

（8）记录工作过程，研究总结和积累工作经验。

［**租车服务工作规范**］

酒店为客人提供出租车服务的工作程序（Car Rental Service Procedure）如下：

（1）客人要出租汽车，问清房号、目的地、要车时间、单程还是双程、车型，复述要求并做记录。

（2）如果住店客人离店要去机场、车站，应问清客人钥匙归还情况。

（3）将客人用车情况与出租车公司调度联系，讲清要求，问明车号，将车号告知客人。

（4）指引客人到大厅外等车，特殊情况与司机讲清要求。

（5）客人预约车，应问清要求，并提醒客人是否需要酒店专车，做好记录，并及时向调度预订，记下调度的姓名。

（6）客人预订次日用车，做好记录，由中班人员 22：00 统一向车队预订。

（7）客人预订车到机场、车站，应问清航班或车次并注明。

（8）若客人预订酒店专车，应将价格告知客人，并向客人说明有关事项。

（9）收到前台预订处发出的派车单，及时请商务中心打制迎接寻人牌。

（10）将派车单送至酒店车队调度，请其签收，拿回一联存档。

（11）将派车单内容记在用车日期前一天的礼宾部交班本上。

任务 3	多亏金钥匙，“困难的立即办到；不可能的花点时间办到”

学习目标

* 了解金钥匙工作的内涵。
* 能够独立完成对客特殊服务工作。
* 熟悉金钥匙服务的运作方式。

情景导入

某日上午，一位女住客急匆匆地来到酒店大堂的礼宾部，手里还拿着两张发票，她径直走到身着燕尾服的“金钥匙”服务员小方面前说：“您是酒店的‘金钥匙’吗？有这样一件事请您帮一帮我。今天早上我是乘出租车来到你们酒店的，刚才我收拾物品时才发现我把摄影机的架子忘在出租车的后排座位上了，更可气的是司机撕给我的发票是长途汽车的发票，而不是出租车的发票，这让我回去怎么报销呢？”

引导问题：

1.“金钥匙”的服务理念是什么？

2. 对于一名“金钥匙”来说，哪些是最重要的素质要求？

3. 如何满足住店客人的特殊要求？

4. 如何才能让客人获得满意加惊喜的服务？

实践设计：

请以情景导入提供的信息为主体内容，进行模拟金钥匙服务。

自我评价：

1. 金钥匙的仪容仪表是否得体：

□ 是　　　　□ 不明显

2. 具备一门以上较流利的外语沟通能力：

□ 是　　　　□ 不是

3. 能够高效、规范处理客人的特殊服务需求：

□ 是　　　　□ 不是

4. 具有较强的应变能力：

□ 是　　　　□ 不是

5. 具备店内、店外的协调能力：

□ 具备　　　□ 不具备

6. 对客服务的意愿比较强：

□ 是　　　　□ 不是

通用知识

［**金钥匙概况简介**］

一、金钥匙概述

金钥匙的全称为“国际饭店金钥匙组织”（UICH），是一个国际性的饭店服务专业组织。金钥匙服务，最早是法国在 1929 年率先提出的，他们将“客人委托、饭店代办”式的个性化服务上升为一种理念。1952 年，在此基础上成立了饭店业委托代办的组织——金钥匙组织。经过多年的发展，国际饭店金钥匙组织已有 34 个国家和地区的 4500 多名成员。1997 年 1 月，在意大利首都罗马举行的第 45 届国际饭店金钥匙年会上，中国饭店金钥匙被接纳为国际饭店金钥匙组织第 31 个团体会员。

金钥匙的英文为 Concierge，词义为门房、守门人、钥匙看管人，其原型是 19 世纪初期欧洲饭店的“Concierge”（委托代办）。而古代的“Concierge”是指宫廷、城堡的“钥匙保管人”。从“委托代办”的含义可以看出，金钥匙的本质内涵就是饭店的委托代办服务机构，演变到今天，已经是对具有国际金钥匙组织会员资格的饭店的礼宾部职员的特殊称谓。金钥匙已成为世界各国高星级饭店服务水准的形象代表，一个饭店加入了金钥匙组织，就等于在国际饭店行业获得了一席之地；一个饭店拥有了金钥匙这种首席礼宾司，就可显示不同凡响的身价。换言之，大饭店的礼宾人员若获得金钥匙资格，他也会倍感自豪，因为他代表着全饭店的服务质量水准，甚至代表着饭店的整体形象。金钥匙也是现代饭店个性化服务的标志，是饭店内外综合服务的总代理。它的服务理念是在不违反当地法律和道德观的前提下，使客人获得“满意加惊喜”的服务，让客人从进入饭店到离开饭店，自始至终都感受到一种无微不至的关怀和照料。

金钥匙是饭店综合服务的总代理，被誉为“万能博士”，其佩戴的两把交叉的金钥匙，意味着尽善尽美的服务，也象征着为客人解决一切难题。金钥匙的服务内容涉及面非常广泛，能够充分满足客人的各种个性化需求，包括计划安排在国外城市举办的正式晚宴；为一些大公司做旅程安排；照顾好那些外出旅行客人和在国外受训的客人的子女；可以向客人提供市内最新的各种信息，并为客人代购歌剧院和足球赛的入场券；甚至可以为客人把金鱼送到地球另一边的朋友手中。只要找到金钥匙，他会竭尽全力为客人安排好一切。

金钥匙的服务理念就是满意加惊喜，随着金钥匙服务理念在我国饭店业的普及，目前金钥匙已成为饭店服务档次的体现，高档饭店都以拥有金钥匙为荣。一个饭店有无金钥匙是评定该饭店服务水准的一个标准，同时也将是饭店评报星级的考核内容。

（一）国际金钥匙组织的历史

古时，遍布在那些荒无人烟的边境地区，照顾过往的旅行商队的人，被称为“Concierge”，这种职业最终在中世纪传到欧洲，在一些知名的政府建筑、宫廷和城堡里，“Concierge”变成“钥匙的保管人”。1800年，随着铁路和游轮的增加并粗具规模，旅游业欣欣向荣，现代饭店的“Concierge”便诞生了。费迪南德·吉列特先生是金钥匙组织的主要创始人，他为金钥匙事业呕心沥血，被尊称为“金钥匙之父”。

金钥匙组织是指全球饭店中专门为客人提供金钥匙服务并以个人身份加入了国际金钥匙组织的国际专业服务民间组织。Les Clefs D’or 是法文，就是“金钥匙”的意思。1929年10月，来自法国巴黎 Grand Hotel 饭店的11个委托代办建立了金钥匙协会，协会章程允许金钥匙们通过提供服务而得到相应的小费，他们发现那样可以提高对客服务效率，随之还建立了城市内的联系网络。欧洲其他的国家也相继开始建立类似的协会。1952年4月25日，来自9个欧洲国家的代表在法国东南部的在戛纳举行了首届年会，并创办了“欧洲金钥匙大饭店组织”（L’ Union Europeene des Portiers des Grands Hotels），简称UEPGH。1970年改名为UIPGH（Union International Portiers Grands Hotels），1994年改名为UICO（Union International Les Clefs D’or）。1997年又变成了今天的名称“UICH”（Union Internationale Des Concierges D’Hotels）。

（二）中国饭店金钥匙的发展

1929年，一群法国人创造了一种新的理念：饭店金钥匙服务。70年以后的1999年，几位年轻的中国饭店人经过若干年奋斗，将这一理念播种在中国这块古老而又生机勃勃的土地上。而今，改革开放的中国饭店业界已活跃着一群闪光金钥匙的身影。他（她）们在努力追求达到极致——尽善尽美的个性化服务。现在，在中国的饭店里，出现了这样一群年轻人：他们身着一身考究的西装或燕尾服，衣领上别着一对交叉的“金钥匙”徽章，彬彬有礼，永远笑容满面，永远机敏缜密，他们是国际金钥匙组织的成员——中国饭店金钥匙。

中国饭店金钥匙组织从1995年11月开始筹备，几年来，中国饭店金钥匙组织由小到大、由起步到合法注册，取得了可喜的发展。饭店金钥匙服务在中国的出现，最早是由著名爱国人士霍英东先生倡导引入白天鹅饭店的。在第一届中国饭店金钥匙服务研讨会上，他建议抓住时机，发展中国饭店金钥匙服务事业，创立中国饭店金钥匙服务品牌。同时国家旅游局（现文化和旅游部）和中国旅游饭店业协会领导对发展中国饭店金钥匙服务投入了大量的精力，给予了大量的扶持和指导。在新闻媒介广泛宣传下，中国饭店金钥匙服务事迹引起了同行业及社会各界的重视，中国饭店金钥匙服务的发展状况也开始被国际饭店金钥匙组织重视。1998年12月，中国饭店金钥匙组织经国家旅游局批准成立，划归中国旅游饭店业协会指导，并作为中国旅游饭店业协会下属的一个专业委员会。中国金钥匙组织是国际金钥匙组织第31个团体会员。截至2001年2月底，中国饭店金钥匙组织已发展到了54个城市的178家饭店，共有248名会员，这个逐渐成长的饭店服务群体正在创造着更新的服务奇迹。

2001年1月，在国家旅游局、中国旅游饭店业协会和广州市政府的高度重视和精心组织下，在广州市成功地举办了第47届国际饭店金钥匙组织年会。此次年会，在组织、接待、服务等方面，都再一次展现了中国饭店精致的服务魅力，获得了国际饭店金钥匙组织各成员国主席最高的赞誉，并对国际饭店金钥匙服务理念在中国得到发扬光大寄予了厚望。中国饭店金钥匙发展没有理由不成功，因为它拥有一个“满意加惊喜”“在客人的惊喜中找到富有的人生”的崇高服务理念，它得到了一切关心旅游饭店事业的各级政府和领导的支持，得到广大饭店总经理的关爱和支持，得到广大宾客的欢迎。每一个金钥匙都为实践金钥匙服务理念和精神而不断地努力工作，创造了一个又一个美好的服务传奇，两把交叉的金钥匙正在散发出更加灿烂的光芒，广大追求服务创新的饭店员工为之而奋斗着。

饭店金钥匙服务已被原国家旅游局正式列入星级评定标准，规定三星级以上的饭店都应有金钥匙服务。饭店金钥匙服务对高星级饭店而言，是一种管理水平和服务水平成熟的标志，是在饭店具有高水平的设施、设备以及完善的操作流程基础上，更高层次饭店经营管理艺术的体现。饭店金钥匙服务对城市或地区旅游业而言，将对其服务体系的形象产生深远的影响。因为，中国饭店金钥匙是由一群富有丰富的服务经验，对中国旅游业发展和饭店发展负有历史使命感和责任感的人组成的，他们共同的任务是使中国的旅游饭店业能够与国际接轨，同时能够在国际上树起自己的品牌。这样，中国会吸引更多客人的光顾，饭店就有效益，行业就有发展。金钥匙不仅给各城市的旅游饭店业的创新服务注入了新的活力，而且对各城市旅游服务业的健康和良性互动发展来说也是一种动力。饭店金钥匙在中国的逐渐兴起，是我国经济形势的发展，以及旅游总体水平发展的需要，将成为中国各大城市旅游体系中的一个品牌，即代表着热情好客独具饭店特色的一种服务文化，并将成为该城市饭店业的一个传统。

二、金钥匙的作用

自 1992 年中国产生了第一名国际饭店金钥匙会员开始，金钥匙以其自身网络化、个性化的优势在中国旅游饭店业独领风骚。1988 年 5 月，国家旅游局设立旅游饭店金钥匙专业委员会，把金钥匙服务作为饭店业一个服务项目，要求星级饭店“引入金钥匙服务”。从此，金钥匙在中国旅游饭店业的发展纳入了科学发展的轨道。

金钥匙的含义应包含五点内容：第一，金钥匙是一种服务标志，两把金光闪闪的交叉钥匙代表着饭店委托代办的两种主要职能：一把金钥匙用于开启饭店综合服务的大门；另一把金钥匙用于开启该城市综合服务的大门，也就是说，这是一种综合服务总代理的醒目标志。第二，金钥匙代表着饭店顶级的专业化服务，这种服务虽不是无所不能，但以“追求卓越、尽善尽美”为宗旨，涵盖了宾客所需要的接、送、买、订、寄、取、租、代等广泛的服务内容，凡是不违背法律和社会道德的服务，都是金钥匙服务的业务范畴。第三，“金钥匙”是对饭店中专门为宾客提供金钥匙服务的个人或群体的称谓，他们是饭店的形象大使和综合服务代言人，只有他们才有资格在由金钥匙组织指定的燕尾服上戴上国际饭店金钥匙组织的交叉金钥匙徽章，为宾客提供金钥匙服务。第四，金钥匙是一个以友谊、协作为原则的合作网络，网络成员具有共同的价值观，通过掌握丰富信息并使用信息高速公路形成庞大服务网络，作为提供超常服务的强大保障。第五，金钥匙是个国际性专业化组织，该组织是全球饭店中专门为客人提供金钥匙服务并以个人身份加入组织而形成的国际专业服务民间组织。

广州饭店业率先引入金钥匙服务后，于 1995 年 11 月在广州白天鹅宾馆召开了中国饭店金钥匙第一届服务研讨会，这标志着金钥匙在中国饭店业的正式开展。短短几年中，无论是从服务项目、服务理念拓宽深入上，还是在组织建设、人员素质方面都有了惊人的飞跃。中国金钥匙把服务精神置于个人利益之上，提出了“服务第一”的服务观念，提出了“在宾客惊喜中找到富有人生”的人生观和“在服务中实现自身价值”的价值观，从而向健康有序的方向发展。在长沙召开的中国饭店金钥匙第五届年会上，金钥匙组织把网络化发展的金钥匙和科技化的金钥匙作为新世纪中国饭店金钥匙的发展方向，以网络化、个性化、国际化、专业化的服务顺应了新世纪中国饭店业乃至世界饭店业的发展潮流。如今，金钥匙已成为国际性的服务品牌，是饭店的文化、服务的艺术，代表了饭店服务的最高水平和发展趋势。

最权威的饭店管理专家认为，金钥匙是高星级饭店管理的心脏与灵魂，它对于优化饭店管理、形成高素质的服务群体意义深远。概括地来讲，金钥匙在饭店管理、服务中的作用可用：“桥梁”“中心”“龙头”来形容，具体如下。

（一）“桥梁”——沟通宾客与饭店、饭店管理与服务的桥梁

宾客的需求是以最小的投入换取最好的享受，而饭店的需求毫无例外都是谋求效益的最大化。因此，二者之间的需求需要沟通与磨合才能达到和谐。金钥匙给客人提供超值服务，让宾客感到物有所值或物超所值，无疑是加强宾客与饭店沟通的有效途径。金钥匙在对宾客服务的过程中，也很好地协调了宾客关系，一改传统的饭店服务中餐饮、客房、康乐各自为战的局面，为宾客提供吃、住、行、游、购、娱一条龙服务，从而成为饭店服务的代言人和总代理。“有事请找金钥匙”已成为经常入住高星级饭店的高档客人的口头禅，进而达到宾客与饭店的及时沟通。

在传统的饭店管理和服务中，一般都实施四级垂直管理模式，一级对一级负责，好处是责任明确、分工细致，但由于管理链和服务链衔接不够紧密，使客服务的时效性、管理的时效性大打折扣，也影响了饭店最大的财富——员工创造力的发挥。金钥匙在饭店的出现，很好地弥补了这一不足，由于金钥匙提出的“创造性思维”“越俎代庖”“只重效果，不重过程”的工作理念，使工作时效性大大增强，并以其自身网络优势和综合服务代言人的特殊角色不再烦琐地逐级上报、批复，从而实现了服务链条的优化组合，使服务群体形成一个亲密合作、利益共享的高效群体，进而能以最快捷、最直接的方式把有关服务信息反馈到管理层，使传统的管理、服务沟通更加直接、联系更加紧密。

（二）“中心”——饭店收集社会信息的“信息中心”和了解宾客的“情报中心”

在当前的饭店经营中，明智的饭店经营者已把信息管理放到与人、财、物管理同等重要的位置，金钥匙利用网络组织无疑在信息管理中占有很大优势：在收集服务信息方面，一方面，金钥匙可以通过组织内部的计算机网络了解有关订房信息及国内各地的旅游饭店信息等；另一方面，金钥匙可以与本地金钥匙会员联合，广泛收集社会服务信息，如饭店所在城市的政治、经济、文化、历史、工农业、商贸、旅游场所及有关业务等。如美国旧金山的金钥匙，除利用计算机查询外，用不同颜色的文件夹对信息进行分类，一般使用蓝色代表饭店，绿色代表旧金山的市情，红色代表酒乡，黄色代表游览胜地。在每一栏中有细分栏目，市情内有音乐、医疗、教育等，音乐包含音乐厅、歌剧院、爵士乐吧、钢琴吧、迪斯科、夜总会等，饭店金钥匙每月都及时核对时间表，收集整理的信息与饭店各部门联网，为宾客提供准确周到的服务奠定坚实的信息基础。

在收集宾客信息方面，由于金钥匙是面对面接触客人的服务群体，金钥匙的客史档案往往是最精确、最优秀的客档，客人的喜好、生活习惯、性格、脾气都是客档记录的主要内容，如美国一名金钥匙能记住1000多辆车号、3000多名宾客姓名，保证了及时主动为客人服务。翔实准确的客人信息往往是饭店改进管理、提供超常服务、铸造忠诚客源群体的有力武器。

（三）“龙头”——引导饭店优质服务良性发展的龙头

金钥匙在许多饭店是服务的明星，他们看上去似乎无所不能，对客人而言，犹如一把万能钥匙，为他们解决一个又一个难题。高涨的工作热情、强烈的责任心、丰富的知识、体贴入微的关怀以及工作性质的要求、与饭店各部门长期所形成的和睦融洽的关系等，都决定着金钥匙有意甚至不自觉间引导培育饭店优质服务群体的形成。

1. 培训员工

金钥匙有较长的工作年限，接触的部门较多，积累了丰富的工作经验，深谙待客之道，是最佳的培训师。因此，金钥匙无论在工作中的言传身教，还是培训中对礼貌礼节、服务意识、服务技巧的示范，都能收到其他部门或个人所达不到的效果。

2. 对外联络

饭店往往与外界各单位有密切联系，如车站、机场、航空公司、旅行社、报社等。在这些单位中，大多数与委托代办业务直接相关，在与相关单位建立良好关系的同时，金钥匙无疑成为饭店对外联系的排头兵，也为饭店外联队伍建设做好铺路工作。

3. 为前台各部门提供准确、翔实的宾客情报和社会信息

在信息化时代，谁拥有丰富的信息谁就掌握了胜利的武器，金钥匙的丰富信息引导着服务更趋个性化，饭店管理更趋科学化，引导饭店的服务群体越来越注重宾客的切身感受，为提升服务质量、强化管理功能提供了第一手资料。

4. 组织员工的业余活动，增强集体凝聚力

在饭店组织的一些文体活动和联谊活动中，“金钥匙”利用其自身系统的社会关系，帮助联系和安排，落实活动的各项细节，使之有声有色，丰富了员工生活，加强了员工交流，使服务群体能够和谐配合，达到最佳的合作效果。

对于饭店各班组的工作，金钥匙往往会予以配合，并提出必要的帮助，使饭店“一条龙”的服务进行得更为顺畅，提高了饭店整体的服务质量，进而带动整个饭店的优质服务群体的顺利形成和良性发展。

总之，新世纪的金钥匙一定会更加辉煌，因为这个遍及全世界34个国家的国际组织，拥有一大批高素质、有朝气、肯进取的饭店从业者，他们具有

强烈的使命感和良好的敬业精神，正如国际金钥匙组织创始人Ferdinand Gillet所说：“无论在世界哪个角落，金钥匙们都将倾尽全力，去延续我们肩负的使命，真诚服务于我们的职业，我们的饭店乃至整个旅游业。”

三、中国饭店金钥匙会员的任职资格和素质要求

（一）中国饭店金钥匙会员的任职资格

（1）在饭店大堂柜台前工作的前台部或礼宾部高级职员才能被考虑接纳为金钥匙组织的会员。

（2）21岁以上，人品优良，相貌端庄。

（3）从事饭店业5年以上，其中3年必须在饭店大堂工作，为饭店客人提供服务。

（4）有两位中国饭店金钥匙组织正式会员的推荐信。

（5）一封申请人所在饭店总经理的推荐信。

（6）过去和现在从事饭店前台服务工作的证明文件。

（7）掌握一门以上的外语。

（8）参加过由中国饭店金钥匙组织组织的服务培训。

（二）能力要求

（1）交际能力：乐于和善于与人沟通。

（2）语言表达能力：表达清晰、准确。

（3）协调能力：能正确处理好与相关部门的合作关系。

（4）应变能力：能把握原则，以灵活的方式解决问题。

（5）身体健康，精力充沛，能适应长时间站立工作和户外工作。

（三）业务知识和技能

（1）熟练掌握本职工作的操作流程，会说普通话和至少掌握一门外语，掌握中英文打字、电脑文字处理等技能。

（2）熟练掌握所在饭店的详细信息资料，包括饭店历史、服务时间、服务设施、价格等。

（3）熟悉本地区三星级以上饭店的基本情况，包括地点、主要服务设施、特色和价格水平。

（4）熟悉本市主要旅游景点，包括地点、特色、开放时间和价格。

（5）掌握本市高、中、低档的餐厅各5个（小城市3个），娱乐场所、酒吧5个（小城市3个），包括地点、特色、服务时间、价格水平、联系人。

（6）能帮助客人安排市内旅游，掌握其线路、花费时间、价格、联系人。

（7）能帮助客人修补物品，包括手表、眼镜、小电器、行李箱、鞋等，掌握这些维修处的地点、服务时间。能帮助客人邮寄信件、包裹、快件，懂邮寄事项的要求和手续。

（8）熟悉本市的交通情况，掌握从本饭店到车站、机场、码头、旅游点、主要商业街的路线、路程和出租车价格。

（9）能帮助外籍客人解决办理签证延期等问题，掌握有关单位的地点、工作时间、联系电话和手续。

（10）能帮助客人查找航班托运行李的去向，掌握相关部门的联系电话和领取行李的手续。

四、中国饭店金钥匙服务项目

简单来说，金钥匙就是饭店的委托代办服务，隶属于各饭店前台礼宾部，它既是饭店内综合服务的代理，也是饭店内外旅游综合服务的代理。好的饭店都拥有自己的“首席礼宾司”，金钥匙是礼宾司的首领，客人可以通过他佩戴在衣领上交叉成十字形的金钥匙徽章辨认出来。两把交叉的金钥匙意味着尽善尽美的服务，意味着此人能满足客人在旅游中的各种需求。金钥匙被有经验的旅游者和商务人士描绘成“万能博士及某些方面的专家”，只要客人所提的要求在正常的范围内，金钥匙都可以提供帮助。

金钥匙提倡个性化的服务。由于他们经验丰富，几乎可以解决一切烦扰旅游者的问题。他会为客人处理所有的信件和留言，预订音乐会的入场券、订餐、推荐旅游线路、介绍好的饭店和商店。他还是一位旅游顾问、个人与生意上的助手、一位社会学顾问、一位自信的秘书以及能为客人做任何杂事的人，他致力于建立一个关系网，广交朋友，即使他无法立即解决难题，他也会通过朋友找到解决途径。饭店金钥匙的服务哲学，是在不违反法律的前提下，使客人获得满意加惊喜的服务。特别是目前中国的旅游服务必须考虑到客人的食、住、行、游、购、娱等方面内容。让客人从接触饭店开始，一直到离开饭店，自始至终都能感受到一种无微不至的关怀。

饭店金钥匙的一条龙服务，是从客人下榻饭店那一刻起，围绕住店期间的一切需要而开展的。例如从订房到安排车去机场、车站、码头接客人；根据客人的要求介绍特色餐厅，并为其预订座位；联系旅行社为客人安排好导游；当客人需要购买礼品时，帮助客人在地图上标明各购物点等。最后当客人要离开时，在饭店里帮助客人买好车、船、机票，并帮客人托运行李物品；如果客人需要的话，还可以订好下一站的饭店，并与下一城市饭店的金钥匙落实好客人所需的相应服务。总之，让客人自始至终，都感受到一种无微不至的关怀与宾至如归的温馨感。从中人们不难想象饭店金钥匙对城市旅游服务体系、饭店本身和旅游者带来的影响。从中国饭店业的发展趋势来看，金钥匙将会越来越受重视。

饭店金钥匙对中外商务旅游者而言，是饭店内外综合服务的总代理，是一个在旅途中可以信赖的人，一个充满友谊的忠实朋友，一个解决麻烦问题的人，一个个性化服务的专家。而在中国旅游的客人正在继续加深对饭店金钥匙的认识，以便知道如何获得饭店金钥匙的帮助。在中国的一些大城市里，金钥匙委托代办服务被设置在饭店大堂，他们除了照常管理和协调好行李员和门童的工作外，还负责许多其他的礼宾职责。中国饭店金钥匙服务项目包括：

（1）行李及通信服务：运送行李、电报、传真、电子邮件等。

（2）问询服务：指路等。

（3）快递服务：国际托运、国际邮政托运、空运、紧急包裹、国内包裹托运等。

（4）接送服务：汽车服务、租车服务、接机服务。

（5）旅游服务：个性化旅游服务线路介绍。

（6）订房服务：房价、房型、折扣、取消预订。

（7）订餐服务：推荐餐馆 。

（8）订车服务：汽车租赁代理。

（9）订票服务：飞机票、火车票、演出票。

（10）订花服务：鲜花预订、异地送花。

（11）其他一切合理合法服务：美容、按摩、跑腿、看孩子等。

金钥匙代表了饭店服务的最高水平，体现了整体的方向，可以说是服务王冠上最耀眼的一颗钻石。饭店的现代化市场竞争，是从最初的价格之争发展到较高的质量之争，最终要达到文化之争。21世纪的饭店，从经营方式到管理方式都将发生质的变化，而站在饭店最前端的饭店金钥匙，将利用不断积累的丰富知识（知识化服务）以及遍布全国各地的金钥匙服务网络（网络化服务），还有他特有的全方位管家式服务（助手化服务），满足宾客所有的需求。而作为一种新兴的全球饭店业知名品牌，金钥匙服务强调的是为每一位需要帮助的宾客，提供尽善尽美的个性化服务。正因为其独特的服务理念及自身不可抗拒的魅力，越来越多的饭店引入了金钥匙服务。金钥匙服务的引入，不光是为了提升饭店服务水平的档次，更重要的是为饭店的发展提供一个绝好的契机。金钥匙希望荣幸地为宾客提供值得信赖的服务，也希望在为每一位宾客服务的过程中，找到自己的人生价值。

模块三

“欢迎光临，我马上为您办理入住手续”
——入住接待

项目一 宾至如归在前台

任务 1	散客住宿接待

学习目标

* 了解前台入住接待服务流程。
* 能够独立办理客人入住接待服务工作。
* 熟悉对客沟通交流方法与技巧。

情景导入

赵小姐与朋友一行 4 人自驾旅游来到某海滨城市度假，通过网站预订了一家五星级酒店 2 间标准间。其中一人还带来了家里的宠物——一只小狗。但该酒店是不允许携带宠物入住的。订房时，赵小姐也没有详细了解这方面的信息。总台当值的海伦接待了他们，具体如何安排才能让客人安心住下呢？

引导问题：

1. 请说一说下列图片中的不当之处是由于什么原因造成的？

□合体度不够

□整洁度不够

□色彩选用不当

□款式选择不当

□穿着方式不当

□其他

错误 正确

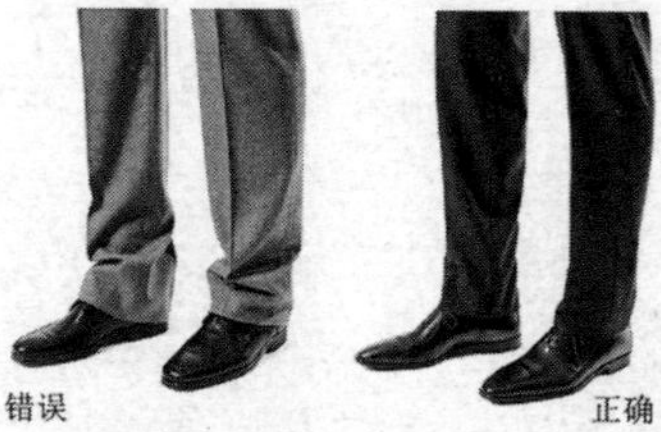

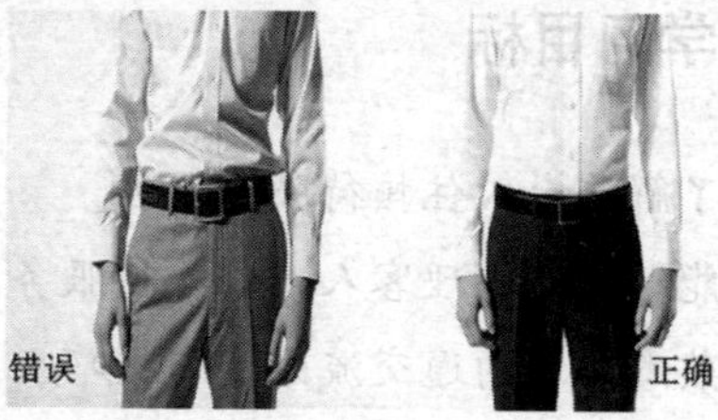

2. 交接班时，有哪些工作事项或信息需要确认清楚？

3. 请识别下列设备并实际操作：

□复印机

□传真机

□打印机

□刷卡机

□验钞机

□身份证验证仪

□电子签名仪

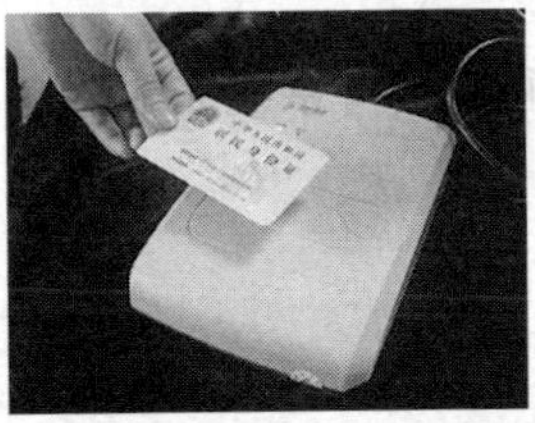
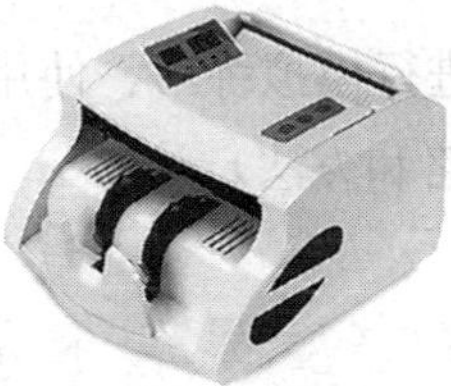

4. 散客入住接待服务的工作流程是怎样的？

Step1

Step2

Step3

Step4

Step5

……

5. 向未预订客人报价的方式有哪几种？各自的优点是什么？

6. 客人支付预付款的方式有哪几种？一般收费的额度是多少？

7. 客人常见的特别需求有哪些？如何接待服务？

实践设计：

* 请根据情景导入提供的信息进行模拟练习，使用酒店接待系统完成服务工作，模拟特殊情况发生的应对策略和方法。

自我评价：

1. 个人形象准备工作评判：

□ 得体　　□ 一般　　□ 不太清楚　　□不得体

2. 具有上岗所需的良好仪容仪表和礼节礼貌：

□ 适合上岗　　□ 有待改进

3. 能迅速联系酒店其他部门或岗位人员合作完成服务工作：

□ 迅速　　□ 缓慢　　□ 不能完成

4. 能识别客人特点，有针对性地介绍酒店服务项目：

□ 准确识别　　□ 不善于识别

5. 具有节能意识、安全意识、服务意识：

□ 充分具备　　□ 需要提示　　□ 不具备

6. 具有规范的服务步骤，能顺利完成入住接待服务：

□ 规范　　□ 不规范

通用知识

［前台接待工作］

一、入住接待工作流程

客人在办理入住登记手续的时候，饭店所有市场努力的成果以及计算机订房系统的作用都得到了体现。

客人在办理入住登记的过程中对饭店服务设施的第一印象，对于营造热情友好的氛围和建立持续良好的商务关系非常重要。如果受到了热情的招待，客人将会积极地配合饭店的工作，并希望从饭店其他部门也得到同样热情的服务。否则，客人不仅不会对饭店的服务及设施产生兴趣，而且还将会在住宿期间挑剔饭店提供的服务和设施。

接待处的客房销售、宾客的接待一般是面对面进行的，然而在智能化的饭店前厅，客人自行办理入住/离店手续的终端或操作亭的使用能让客人自主应用越来越多的前厅功能。自行办理入住/离店手续的终端与饭店的管理系统连接后，它为客人提供的选择类似于前厅服务员为客人提供的选择，主菜单基本上分为入住、退房离店、其他饭店服务和社区信息等。它既有固定的，也有移动的，有些饭店甚至将其放置在饭店与机场/码头间的穿梭巴士上供客人办理登记手续。绝大多数终端要求住店的客人持有事先的预订单及有效的信用卡，客人触摸一下计算机屏幕，系统就会提示客人的预订，查证客人的信用，认可饭店内的记账，将客人情况记入饭店管理系统，安排客房，制作钥匙，打印出一份预先账页（账页重申了住客的姓名、房价、抵达和离店的日期、房号），激活房间电话，触摸“结束”键，系统会祝客人在饭店期间过得愉快。对于没有预订的散客，在办理入住手续时，要先将预订程序中要求的基本信息输入终端。在智能化的饭店前厅，入住登记手续/离店手续和有关问讯服务依靠计算机网络完成，客人基本不与服务员直接接触。

在帮助客人办理入住登记手续或分配客房之前，接待员必须掌握接待工作所需的信息。这些信息主要包括：房态和可供出租客房情况（Room Status and Availability）、预抵店（Expected Arrivals List，EA）和预离店（Expected Departures，ED）客人名单、有特殊要求的预抵店客人名单、预抵店重要客人和常客名单、黑名单（Black List）。

以上信息资料在客人抵店的前一天晚上就应该准备好。在计算机联网的饭店里，这些信息资料不断地更新，接待员可通过计算机网络轻易获取。

由此可见，接待处和客房部之间保持紧密的联系是十分重要的。在旅游旺季，为了保证较高的出租率，客房部必须尽可能快地将清扫好的空房房号告知接待处，以便接待处尽快售房，但绝不能降低客房的服务标准。

（一）房态报告

在客人到店前，接待员必须获得较为具体的房态报告，并根据此报告排房，以避免给客人造成不便。

（二）预抵店客人名单

预抵店客人名单为接待员提供即将到店客人的一些基本信息，如客人姓名、客房需求、房租、离店日期、特殊要求等。

在核对房态报告和预抵店客人名单时，作为接待处的管理人员，应该清楚以下两件事情，并采取相应的措施：饭店是否有足够的房间去接待预抵店客人，饭店还剩余多少可出租的房间去接待无订房而直接抵店的散客。

（三）宾客历史档案

宾客历史档案简称“客史档案”。高星级饭店均有宾客历史档案，在计算机的帮助下，接待员很容易查到客人在饭店的消费记录，只要客人曾经在该饭店住宿过，根据宾客的历史档案情况，即可采取适当措施，确保客人住得开心。

（四）有特殊要求的预抵店客人名单

有些客人在订房时，可能会额外地提出服务要求，接待员必须事先通知有关部门做好准备，恭候客人的到来。如预抵店客人要求为婴儿配备婴儿床，接待员（主管）则应为客人预先安排房间，然后让客房部准备婴儿床并将其放到指定的房间；客房部还应适当为客人准备一些婴儿用品，如爽身粉等。这一切工作都必须在客人抵店前做好。

（五）预抵店重要客人名单

饭店必须对重要客人加以足够的重视。重要客人可分为：

（1）贵宾（VIP）（Very Important Person）。主要包括政府方面、文化界、饭店方面的知名人士等。

（2）公司客户（CIP）（Commercially Important Person）。主要指大公司、大企业的高级行政人员、旅行社和旅游公司职员、新闻媒体工作者等。

（3）需特别关照的客人（SPATT）（Special Attention Guests）。主要指长住客（Long-stay Guests）以及需要特别照顾的老、弱、病、残客人等。

饭店常为重要客人提供特别的服务和礼节，如事先预留客房、免费享受接机 / 接车服务、在客房办理登记手续及安排专人迎接等。由于以上客人较为重要，饭店常把预抵店重要客人名单印发至前厅各部门及饭店相关对客服务部门，让他们在接待服务过程中多加留意。

（六）黑名单

黑名单，即不受饭店欢迎的人员名单。主要来自以下几个方面：公安部门的通缉犯，当地饭店协会会员、大堂副理有关记录中登记的人员，财务部门通报的走单（逃账）客人，信用卡黑名单人员。

（七）其他准备工作

在客人到店前，接待员除应获得以上信息资料外，还应做好以下工作：准备好入住登记所需的表格、用具，准备好钥匙，查看客人是否有提前到达的邮件等。

二、办理入住登记手续的目的与要求

入住登记是前厅部对客服务全过程中的一个关键阶段，其工作效果将直接影响到前厅功能的发挥，同时，办理入住登记手续也是宾客与饭店建立正式的、合法关系的最根本的一个环节。

（一）办理入住登记手续的目的

（1）遵守国家法律中有关入住管理的规定。

（2）获得宾客的个人资料。

（3）满足宾客对客房和房价的要求。

（4）推销饭店服务设施，方便宾客选择。

（5）为宾客入住后的各种表格及文件的形成提供可靠的依据。

（二）办理入住登记需要的表格

1. 住宿登记表（Registration Form）

根据客人国籍，住宿登记表大体分两种：国内旅客住宿登记表、境外旅客临时住宿登记表，如表 3–1 和表 3–2 所示。

表 3–1 国内旅客住宿登记

编号：　　房号：　　房租：

姓名	性别	年龄	籍贯	工作单位	职业	
			省 市 县			
户口地址					从何处来	

续表

<table>
<tr><td colspan="3">身份证或其他有效证件</td><td colspan="2"></td><td>证件号码</td><td></td></tr>
<tr><td colspan="2">抵店日期</td><td></td><td colspan="2">离店日期</td><td colspan="2"></td></tr>
<tr><td rowspan="3">同宿人</td><td>姓名</td><td>性别</td><td>年龄</td><td>关系</td><td rowspan="3">备注</td><td></td></tr>
<tr><td></td><td></td><td></td><td></td><td></td></tr>
<tr><td></td><td></td><td></td><td></td><td></td></tr>
<tr><td colspan="6">请注意：
1. 退房时间是中午 12：00
2. 贵重物品请存放在前台保险箱内，阁下一切物品之遗失饭店概不负责
3. 来访客人请在 23：00 前离开房间
4. 退房请交回钥匙
5. 房租不包括房间里的饮料</td><td>结账方式：
现金：
信用卡：
支票：
客人签名：
接待员：</td></tr>
</table>

填表人：

表 3-2 境外旅客临时住宿登记

Registration form of temporary residence for visitors

IN BLOCK LETTERS：　　DAILY RATE：　　ROOM NO.：

<table>
<tr><td>SURNAME：</td><td colspan="2">DATE OF BIRTH：</td><td colspan="2">SEX：</td><td colspan="2">NATIONALITY OR AREA：</td></tr>
<tr><td>OBJECT OF STAY：</td><td colspan="2">DATE OF ARRIVAL：</td><td colspan="2">DATE OF DEPARTURE：</td><td colspan="2">COMPANY OR OCCUPATION：</td></tr>
<tr><td colspan="7">HOME ADDRESS：</td></tr>
<tr><td colspan="5">PLEASE NOTE：
1. Chect out time is 12：00 noon
2. Safe deposit boxes are available at cashier counter at no charge，hotel will not be responsible for any loss of your property
3. Visitors are requested to leave guest rooms by 11：00PM
4. Room rate not including beverage in your room
5. Please return your room key to cashier counter after check-out</td><td colspan="2">On checking out my account will be settled by：
CASH：
T/A VOUCHER：
CREDIT CARD：
GUEST SIGNATURE：</td></tr>
<tr><td colspan="7">For clerk use</td></tr>
<tr><td>护照或证件名称：</td><td>号码：</td><td colspan="2">签证种类：</td><td colspan="2">签证号码：</td><td>签证有效期：</td></tr>
<tr><td>签证签发机关：</td><td>入境日期：</td><td colspan="2">口岸：</td><td colspan="3">接待单位：</td></tr>
<tr><td colspan="7">REMARKS：　　CLERK SIGNATURE：</td></tr>
</table>

留宿单位：　　接待单位：

住宿登记表的内容主要包括两方面：公安部门所规定的登记项目和饭店运

行与管理所需要的登记项目。

公安部门所规定登记项目的内容主要有：客人的完整姓名（Full Name）、国籍（Nationality）、出生年月（Date of Birth）、家庭地址（Home Address）、职业（Occupation）、有效证件及相关内容等。

饭店运行与管理所需的登记项目：

（1）宾客姓名及性别。姓名与性别是识别客人的首要标志，服务人员要记住客人的姓名，并要以姓氏去称呼客人以示尊重。

（2）房号（Room No.）。房号是确定房间类型和房价的主要依据。注明房号同时有利于查找、识别住店客人及建立客账。

（3）房租（Room Rate）。房租是客人与接待员在饭店门市价的基础上协商而定的，它是建立客账、预测客房收入的重要依据。如标准价（Rack Rate）为 US$100，给客人 8 折优惠，在登记表上最好以 US$100–20% 的方式标记。这种方式虽不符合逻辑，但易于操作，既反映了标准价，又表明了优惠率。

（4）付款方式。确定付款方式有利于保障客房销售收入及决定客人住宿期间的信用标准，并有助于提高退房结账的速度。最主要还是方便住客，由饭店为其提供一次性结账服务。

（5）抵离店日期。掌握客人准确的抵店日期、时间，有助于计算房租查询、邮寄等系列服务的顺利进行；而了解客人的预计离店日期，则有助于订房部的客房预测及接待处的排房（Room Assignment），并有助于客房部清扫工作的安排。

（6）住址。正确、完整的客人永久住址，有助于饭店与客人的日后联系，如遗留物品的处理、邮件转寄服务等。

（7）饭店管理声明。登记表上的管理声明，即住客须知，它告诉客人住宿消费的注意事项，如退房时间（Check Out Time）为中午 12：00 前，建议客人使用前厅收款处的免费保险箱，否则如有贵重物品遗失，饭店恕不负责，还有会客时间的规定等内容。

（8）接待员签名。接待员签名有助于加强员工的责任心，利于控制和保证服务质量。

有些饭店为进行市场分析，还在登记表中设计了调研项目，如停留事由、交通工具、订房渠道、下个目的地等内容。

2. 房卡（Room Card）

房卡又称欢迎卡（Welcome Card），接待员在给客人办理入住登记手续时，会给客人填写封面印有“欢迎光临”字样的房卡。房卡的内容主要包括饭店运行与管理所需登记的项目、住客须知及饭店服务项目、设施的介绍。

房卡的主要作用是证明住店客人的身份，方便客人出入饭店。因此，房卡又称“饭店护照”（Hotel Passport）。在一些饭店，房卡还被赋予其他的一些功能，如为区分客人类别，饭店常使用贵宾房卡以示区别；根据客人的信用标准，饭店还特别印制一种房卡——钥匙卡，这种卡只证明其持有者的住店客人身份，但不能作为饭店消费场所的签单证明，主要发给没交押金的散客和团体客人，其他费用由客人自理。持 VIP 房卡和其他种类房卡的客人则可凭房卡去饭店经营场所签单消费，其账单送至前厅收款处入账，退房时一次性结账。但在给客人签单时，各经营场所的收银员一定要核实顾客身份及检查房卡是否有效。

3. 客房状况卡条（Room Rack Slip）

在未使用计算机系统的饭店前厅部，必须制作该卡条，并放入显示架相应房号内，用来显示客房的出租状况及住客的主要情况（如宾客姓名、房号、抵离日期等）。有些饭店为了醒目，用不同色彩的卡条代表不同类型的宾客，以示区别。同时，应再制作四份同样的卡条，以便将宾客入住信息尽快传递给与对客服务密切相关的总机、问讯处、大厅服务处和客房中心。

三、入住登记程序

入住登记可以分为以下 6 个步骤：①客人到店前的准备工作；②填写入住登记表；③排房、定房价；④付款方式的确认；⑤发放钥匙及带客上房；⑥制作有关表格。

需要注意的是，饭店不同、客人类别不同，以上入住登记步骤的次序亦可能有异。比如，有订房的贵宾（VIP）就必须事先排房，而且还常常请贵宾先进客房，然后在客房内办理入住登记手续。

总的来说，入住的客人可分为两大类，即有订房的与没有订房的客人、团体客人或散客。有订房的客人又有保证订房的和非保证订房的之分，保证订房者一定是确认订房，非保证订房者不一定是确认订房。根据客人订房的不同类型，饭店入住的登记步骤亦应区别对待。团体客人大多属于有订房的，且是确认订房的客人；散客情况则多种多样，既有事先订房的，也有事先没有订房的，既有保证订房的，也有未保证订房的。散客（VIP除外）的入住登记程序具体如下。

（一）识别客人有无预订

客人来到接待处时，接待员应面带微笑，主动迎上前去，询问客人有无订房。若有订房，应问清客人是用谁的名字订的房，然后根据姓名找出客人的订房资料，确认订房内容，特别是房间类型与住宿天数。如客人没有订房，则应先查看房态表，看是否有可供出租的客房。若能提供客房，则向客人介绍房间情况，为客人选房。如没有空房，则应婉言谢绝客人，并耐心为客人介绍邻近的饭店。

（二）客人填写入住登记表

鉴于有不同的登记表格，接待员应先问清客人证件的名称，然后协助客人填写登记表。为加快入住登记速度，有的饭店实行预先登记，退房日期先空出，待客人抵店，如果没有异议，让客人签上退房日期和姓名即可。客人入住都必须登记，团体客人可一团一表，散客则一人一表。

（三）验证身份证件

（1）国内旅客持用证件。中华人民共和国居民身份证、身份证回执、临时身份证、中国护照、军官证、警官证、士兵证、文职干部证、军警老干部离休荣誉证、军警老干部退休证明书、一次性住宿有效凭证。

（2）境外旅客持用证件。

①港澳同胞回乡证。它是港澳居民来往内地时使用的一种旅行证件，由公安部授权广东省公安厅签发。

②中华人民共和国旅行证。它是护照的代用证件，是我国驻外使、领馆颁发给不便于发给护照的境外中国公民回国使用的一种证件。它包括一年一次入出境有效和两年多次入出境有效两种。

③中国台湾居民来往大陆通行证。它是我国台湾居民来往大陆的旅行证件。由公安部出入境管理局授权的公安机关签发或委托在香港和澳门特别行政区的有关机构代为办理。该证有两种：一种为5年有效；另一种为一次入出境有效。它实行逐次签证，签证分一次往返有效和多次往返有效。

④中华人民共和国入出境通行证。它分为两种：一是为未持有我国有效护照、证件的华侨、港澳居民入出我国国境而颁发；二是为回国探亲旅游的华侨、港澳居民因证照过期或遗失而补发，分一次有效和多次有效两种。该证件由我国公安机关出入境管理部门签发。

⑤外国人持有的证件，即护照。

护照的识别与国籍的识别：目前世界上大多数国家的护照或其他代用护照上都有发照国本国文字和国际上通用的文字（英文）标明国籍。但也有一些国家只用本国文字标明国籍，遇到这种情况，可以按照护照封皮上的国徽图案或国家标志来识别。

护照有效期的识别：护照有时效限制，并在有效期内发生效力。护照期满前持照人应根据本国有关的法律规定到政府授权机关更换新护照或申办护照延期，否则护照会自然失效，不再具有原效力。护照有效期的表述方法一般有以下几种：在护照有效期一栏写明有效期，这是最常见的；在护照有效期一栏注明自签发之日起若干年有效；在护照的使用说明中规定自签发之日起若干年有效；规定在一些特定的条件下有效；护照内未注明有效期限的，视为永久有效。

护照真伪的识别：注意识别护照样式、图案、颜色。注意护照内各项内容和发照机关签署印章的情况，查看是否有伪造和涂改痕迹；查看护照上的照片及对自然特征的记载是否与持照人相符，照片上加盖的骑缝印章有无可疑之处。

（四）安排房间，确定房价

接待员应根据宾客的住宿要求，着手排房、定价。通常，客房分配应讲究一定的顺序以及排房艺术。

（1）排房顺序：①团体宾客；②重要宾客和常客；③已付订金的预订宾客；④要求延期离店的宾客；⑤普通预订宾客，并有准确航班号或抵达时间；⑥无预订的散客。

（2）排房方法。排房时应以提高宾客满意度和饭店住宿率为出发点，注重下列技巧：①尽量将团队客人安排在同一楼层或相近楼层，采取相对集中的排房原则；②内外宾有着不同的语言和生活习惯，应将内宾和外宾分别安排在不同的楼层；③将残疾人、老年人和带小孩的宾客尽量安排在离电梯较近的房间；④对于常客和有特殊要求的宾客应予以照顾，满足其要求；⑤尽量不要将敌对国家的宾客安排在同一楼层或相近的房间；⑥应注意房号的忌讳。

为客人分配好房间后，接待员在饭店的价格范围内为客人确定房价。如客人事先有订房，接待员则必须遵守订房单上已确认的房价，不能随意改动。

（五）确定付款方式

确定付款方式的目的，从饭店角度来看，可避免利益损害，防止住客逃账（走单）；从客人角度来看，可享受住宿期消费一次性结账服务和退房结账的高效率服务。

接待员可从登记表中的“付款方式”一栏中得知客人选择的付款方式。客人常采用的付款方式有：现金、信用卡、支票及旅行传单（Travel Voucher）等。

（1）现金结账。如果客人用现金结账，客人入住时则要交纳一定数额的预付金。预付金额度应超过住宿期间的总房租数，具体超过多少，由饭店自定，一般为一天的房租，结账时多退少补。大型饭店预付金由前厅收银员收取，中小型饭店由接待员收取。

（2）信用卡结账。如果客人用信用卡结账，接待员应首先辨明客人所持的信用卡，是否属中国人民银行规定的可在我国使用且本饭店接受的信用卡；其次，核实住客是否为持卡人；然后检查信用卡的有效期及信用卡的完好程度；接着使用信用卡压印机，将客人的信用卡资料影印到适当的签购单上；最后，将信用卡交还客人，将已印制好的信用卡签购单与制作的账单一起交前厅收款处。

（3）传单结账。客人向与饭店有订房合同的旅行社购买饭店的客房，房租交付给旅行社，旅行社给客人签发传单，客人凭此传单入住指定的饭店，无须再向饭店支付房租，房租由旅行社与饭店按订房合同解决。如果客人持旅行社传单结账，接待员则应告诉客人，房租之外的费用必须由客人自行支付，如洗衣费、长途电话费等，因此客人仍然要交纳一定的押金。

（4）以转账方式结账。客人若要以转账方式结账，这一要求一般在他订房时就会向饭店提出，并经饭店有关负责人批准后方可。如果客人在办理入住登记手续时才提出以转账方式结账，饭店通常不予受理。

对于一些熟客、常客、公司客户等，饭店为了表示友好和信任，通常会给予他们免交押金（Waive Deposit）的方便。免交押金的名单一般由饭店的营业部或财务部门印发，订房部员工在订房单的备注内容中注明，接待处则灵活处理。

（六）完成入住登记手续

排房、定价、确定付款方式后，接待员应请宾客在准备好的房卡上签名，即可将客房钥匙交给宾客。有些饭店还会向宾客提供用餐券、免费饮料券、各种促销宣传品等，并询问宾客喜欢阅读的报纸，以便准备提供。同时，饭店为宾客事先保存的邮件、留言单等也应在此时交给宾客，并提醒宾客将贵重物品寄存在饭店免费提供的保管箱内。在宾客离开前厅时，接待员应安排行李员引领宾客进房并主动与宾客道别，然后将宾客入住信息输入计算机并通知客房中心。也有些饭店宾客进房 7~10 分钟后，再通过电话与宾客联系，询问其对客房是否满意，并对其光临再次表示感谢。

（七）制作相关表格资料

入住登记程序最后阶段的工作，是建立相关表格资料，其做法如下：

（1）使用打时机，在入住登记表的一端打上客人入住的具体时间（年、月、日、时、分）。

（2）将客人入住信息输入计算机内，并将与结账相关事项的详细内容输入计算机客账单内。

（3）标注预期到店一览表中相关信息，以示宾客已经入住。

（4）若以手工操作为主的饭店，则应立即填写五联客房状况卡条，将宾客入住信息传递给相关部门。

［对客沟通技巧］

对客沟通技巧如表 3–3 所示。

表 3–3　对客沟通技巧

方式	沟通技巧
看	1. 观察顾客要求目光敏锐、行动迅速 就拿喝茶这个日常生活中最常见的例子来说，你能观察到：哪个顾客喜欢喝绿茶、哪个顾客喜欢喝红茶、哪个顾客只喝白开水，或者哪个顾客喝得快、哪个顾客喝得慢吗 观察顾客可以从以下这些角度进行：年龄、服饰、语言、身体语言行为、态度等。观察顾客时要表情轻松，不要扭扭捏捏或紧张不安。注意，观察顾客不要表现得太过分，像是在监视顾客 2. 观察顾客要求感情投入 感情投入就能理解一切。你要能设身处地为顾客着想。你必须通过顾客的眼睛去观察和体会。这样，才能提供优质有效的服务。当你遇到不同类型的顾客，你需要提供不同的服务方法：

续表

方式	沟通技巧
看	（1）烦躁的顾客：要有耐心，温和地与他交谈 （2）有依赖性的顾客：他们可能有点胆怯，有依赖性。应态度温和，富于同情心、为他们着想，提些有益的建议，但别施加太大的压力 （3）对产品不满意的顾客：他们持怀疑的态度，对他们要坦率，有礼貌，保持自控能力 （4）想试一试心理的顾客：他们通常寡言少语，你得有坚韧毅力，提供周到的服务，并能显示专业水准 （5）常识性顾客：他们有礼貌、有理智，用有效的方法待客，用友好的态度回报 总之，可以不停地问自己：如果我是这个顾客，我会需要什么 3. 目光接触的技巧 有一个口诀是生客看大三角、熟客看倒三角、不生不熟看小三角 （1）与不熟悉的顾客打招呼时，眼睛要看他面部的大三角，即以肩为底线、头顶为顶点的大三角形 （2）与较熟悉的顾客打招呼时，眼睛要看着他面部的小三角，即以下巴为底线、额头为顶点的小三角形 （3）与很熟悉的顾客打招呼时，眼睛要看着他面部的倒三角形
听	1. 准备 客户找你洽谈或倾诉或投宿的时候，你要做好如下准备： （1）给自己和客户都倒一杯水 （2）尽可能找一个安静的地方 （3）让双方坐下来，坐姿尽量保持 45° （4）记得带笔和记事本 2. 记录 俗语云：好记性不如烂笔头。一线服务人员每天要面临许多客户，每个客户的要求都不尽相同，把客户谈话的重点记录下来是防止遗忘的最安全的方法。记录客户的谈话，除了防止遗忘外，还有以下好处： （1）具有核对功能。核对你听的与客户所要求的有无不同的地方 （2）日后工作中，可根据记录，检查是否完成了客户的需求 （3）可避免日后如“已经交代了”“没听到”之类的纷争 3. 理解 要检验理解你所听到的与客户所要求的并无不同，要注意以下几点： （1）不清楚的地方，询问清楚为止 （2）以具体的、量化的方式，向客户确认谈话的内容 （3）要让客户把话说完，再提意见或疑问 （4）5W1H 法：5W 指 WHAT、WHEN、WHERE、WHO、WHY，1H 指 HOW
笑	1. 微笑可以感染客户 客户花钱消费的时候，可不想看到你愁眉苦脸的样子。当客户怒气冲天地来投诉的时候，你这样只会火上加油。相反，如果你真诚地对客户微笑，你就可能感染他，使他调整态度或者使他感到愉悦 2. 微笑激发热情 微笑传递这样的信息：“见到你我很高兴，我愿意为你服务。”所以，微笑可以激发你的服务热情，使你为客户提供周到的服务

续表

方式	沟通技巧
笑	3. 微笑可以增加创造力 当你微笑着的时候，你就处于一种轻松愉悦的状态，有助于思维活跃，从而创造性地解决客户的问题。相反，如果你的神经紧紧绷着，只会越来越紧张，创造力就会被扼杀
说	（1）客户更在乎你怎么说，而不是你说什么 （2）单调而平淡的语气是在对客户传递：我很烦，对你所说没有兴趣 （3）缓慢而低沉的语气传递这样的信息：我的心情不好，自己待会儿 （4）嗓门儿高高的强调语气是在传递：我对这件事情很感兴趣 （5）硬的、嗓门儿很高的语气是在传递：我很生气，不想听任何事情 （6）高高的嗓音伴随着拖长的语调是在表达：我不相信所听到的一切
动	运用身体语言让表达更有效。身体语言包括哪些部分呢？可以说是从头到脚——身体的全部。为了叙述方便，我们把它分为：头面部、手势、身体的姿态与动作三大部分 （一）头面部 1. 头部动作 （1）身体挺直、头部端正，表现的是自信、严肃、正派、有精神的风度 （2）头部向上，表示希望、谦逊、内疚或沉思 （3）头部向前，表示倾听、期望或同情、关心 （4）头部向后，表示惊奇、恐惧、退让或迟疑 （5）点头，表示答应、同意、理解和赞许 （6）头一摆，显然是表示快走之意 2. 面部表情传递的含义 （1）脸上泛红晕，一般是羞涩或激动的表示 （2）脸色发青发白是生气、愤怒或受了惊吓异常紧张的表示 （3）皱眉表示不同意、烦恼，甚至是盛怒 （4）扬眉表示兴奋、庄重等多种情感 （5）眉毛闪动表示欢迎或加强语气 （6）眉毛扬起后短暂停留再降下，表示惊讶或悲伤 3. 眼神传递出的含义 （1）眼睛正视表示庄重 （2）仰视表示思索 （3）斜视表示轻蔑 （4）俯视表示羞涩 （二）手势 （1）手心向上：坦诚直率、善意礼貌、积极肯定 （2）手心向下：否定、抑制、贬低、反对、轻视 （3）抬手：请对方注意，自己要讲话了 （4）招手：打招呼、欢迎你或请过来 （5）推手：对抗、矛盾、抗拒或观点树立 （6）单手挥动：告别、再会 （7）伸手：想要什么东西 （8）藏手：不想交出某种东西 （9）拍手：表示欢迎 （10）摆手：不同意、不欢迎或快走 （11）两手叠加：互相配合、互相依赖、团结一致 （12）两手分开：分离、失散、消极

续表

方式	沟通技巧
动	（13）紧握拳头：挑战、表示决定、提出警告 （14）竖起拇指：称赞、夸耀 （15）伸出小指：轻视、挖苦 （16）伸出食指：指明方向、训示或命令 （17）多指并用：列举事物种类、说明先后次序 （18）双手挥动：表示呼吁、召唤、感情激昂、声势宏大 （三）身体的姿态和动作 （1）双臂交叉抱在胸前，这种姿态是企图防御对方精神上的威胁而下意识形成的防范动作 （2）如果双臂紧紧交叉，双手紧握，这就暗示出更强烈的防御信息和敌对态度，并会伴随着咬紧牙关、涨红脖子的面部表情 （3）如果双臂交叉中，用一只手握住另一只胳膊，这个信号显示了紧张期待的心情，也是一种试图控制紧张情绪的方式。如等待登机、等候拔牙、见到陌生人有点紧张或回答问题有些畏怯的时候 （4）如果双臂交叉中，两个拇指往上翘，这是表示泰然自若，或超然度外，或冷静旁观，或优越至上的信息，其中又包含着一定的防御态度 （5）如果一只胳膊横挎胸前，并用这只手握住另一只胳膊，这是一个人处于陌生的交际场合，缺乏自信，有点紧张不安时采取的姿态 （6）如果双手相握，还有伪装性的手臂局部交叉，这类姿势也带有防御性，但更隐蔽和微妙 （7）眉毛向上扬、头一摆：表示难以置信，有些惊疑 （8）用手揉揉鼻子：表示困惑不解，事情难办 （9）双手置于双腿上，掌心向上，手指交叉：表明希望别人理解，给予支持 （10）用手拍拍前额：以示健忘。如果用力一拍，则是自我谴责、后悔不已的意思 （11）耸耸肩膀，双手一摊：表示无所谓或无可奈何、没办法的意思

任务2 团队宾客住宿接待

学习目标

* 了解团队入住服务流程。
* 能够独立完成团队客人入住接待服务工作。
* 熟悉不同类型客人的服务与沟通技巧。

情景导入

礼宾部小张上班后，根据排班任务，准备迎接一个乘动车抵达本市的夕阳红团。团队客人共有26位，将于下午4：30抵达火车站，他要做哪些工作准备，如何顺利将客人接抵酒店？

引导问题：

1. 交接班时，针对当日拟抵店的团队客人应该做哪些准备工作？

2. 需要查看哪几类工作簿确认相关信息？

3. 车站、码头接站服务的工作准备与接机服务有哪些不同点？

4. 本次服务的对象有哪些特别的准备工作需要提前完成？

5. 请针对老年人、学生、公司职员等不同年龄、社会身份的客人设计服务用语。

（1）称呼及问候语。

（2）引领及提示语。

（3）沟通交流语音、语调、语速特点。

实践设计：

*请根据情景导入提供的信息进行模拟团队客人入住接待服务练习，由于服务生是一位新手，在接待旅游团时，将免费早餐券发给了客人（该团房费是不包含早餐的），应该如何处理？

自我评价：

1. 个人礼貌是否表现恰当：

□ 得体　□ 一般　□ 不太清楚　□不得体

2. 沟通方式与交流语言运用效果：

□ 顺畅　□ 一般　□ 有待改进

3. 能熟悉各项工作的流程：

□ 独立完成　□ 需要指导　□ 不能完成

4. 能熟悉酒店其他岗位联系方式并乐于与之协作：

□ 快速准确　□ 乐于协作　□ 不能做到

5. 具有灵活应变的服务能力：

□ 充分具备　□ 需要提示　□ 不具备

通用知识

[团队客人服务流程]

团队客人一般是指旅游团或者是会议服务人数比较多的团队。

一、团队（Group）宾客的入住登记程序与标准

（一）准备工作

（1）旅游团队到达前一天，接待员核对公关营销部预订处下发的团队接待通知单中的信息，如发现问题或疑问，应及时联系预订处核实相关内容。

（2）核对无误后，按照每个团队资料要求的房间数及房型，从空房表中找出房间并做预分房。

（3）将预分房号码写在团队预分房报表中间分送礼宾处、客房部。

（4）由前一天夜班制作房卡，并在房卡封面上注明姓名、房间号、离店日期和团队编号。

（5）把房卡装入团队欢迎袋中，信封上注明团队编号和房号，通知客房部做好准备工作。若有客人的留言或信件，也必须放入相应的旅游团队欢迎袋中。

（二）到店接待

（1）团队到店时，接待员应主动与领队或陪同联系并询问该团的团号、人数、房间数、接待单位，找出该团的资料。

（2）与陪同再次核实订房、订餐内容，若有变化，马上在分房表上做出修改。

（3）若有临时增加房间，应尽量满足并就付款事宜联系公关营销部销售处。

（4）若需减少房间，则通知销售专员确定收费标准。

（5）若要求增加陪同用房，则按有关规定办理。

（三）入住登记

（1）接待员请陪同填写入住登记表并检验其有效证件，若是外宾团，请陪同出示团体签证。

（2）根据团单重新确认客人用房间数与房卡是否正确，请陪同在团体入住登记表上签字。

（3）将团队欢迎袋交给陪同协助其分房。在其分房期间，立即在电脑中将该团的房间改为住房状态并通知楼层该团已到达。

（4）请陪同确认团队的叫醒时间、出行李时间、用餐时间、有无特别要求、陪同房号及联系电话等，并请其在团队入住通知单上签字。

（5）告知客人用餐地点。

（6）请陪同或领队提示客人将贵重物品寄存在酒店保险箱内。

（7）通知行李生迅速引领客人进房间。

（四）下发团队入住通知单

（1）接待员将团队资料输入电脑，打印团队住客名册表，检查表上信息是否正确，然后在表上签字（见表3-4）。

（2）将团队入住通知单下发到礼宾处、总机、餐饮部、客房部和收银处，其原件留存前台备查。

表3-4 团体人员住宿登记

Registration form of temporary residence for group

团队名称： 日期： 年 月 日至 月 日

Name of group Date Year Mon Day Till Mon Day

房号（ROOM NO.）	姓名（NAME IN FULL）	性别（SEX）	出生年月（DATE OF BIRTH）	职业（PROFESSION OR OCCUPA-TION）	国籍（NATIONALITY）	护照号码（PASSPORT NO.）
签证号码： 有效日期：			机关： 入境日期：		种类： 口岸：	

二、入住登记中的注意事项

（一）换房

调换房间往往有两种可能：一种是住客主动提出；另一种是饭店的要求。住客可能因客房所处位置、价格、大小、类型、噪声、舒适程度以及所处楼层、朝向、人数变化、客房设施设备出现故障等原因而要求换房；饭店可能因客房的维修保养、住客离店日期延后、为团队会议宾客集中排房等原因，而向宾客提出换房的要求。换房往往会给宾客或饭店带来麻烦，故必须慎重处理。需要注意的是，在搬运宾客私人物品时，除非经宾客授权，应坚持两人以上在场（大堂经理等）。

换房的服务程序如下：

（1）了解换房原因。

（2）查看客房状态资料，为客人排房。

（3）填写房间 / 房租变更单如表 3-5 所示。

（4）为客人提供换房时行李服务。

（5）发放新的房卡与钥匙，由行李员收回原房卡与钥匙。

（6）接待员更改计算机资料，更改房态。

表 3-5　房间 / 房租变更单

房间/房租变更单 ROOM/RATE CHANGE LIST		
日期（DATE）	时间（TIME）	
宾客姓名（NAME）	离开日期（DEPT DATE）	
房号（ROOM）	由（FROM）	转到（TO）
房租（RATE）	由（FROM）	转到（TO）
理由（REASON）		
当班接待员（CLERK）	行李员（BELLBOY）	
客房部（HOUSEKEEPING）	电话总机（OPERATOR）	
前台收银处（F/O CASHIER）	问讯处（MAIL AND INFORMATION）	

（二）离店日期变更

宾客在住店过程中，因情况变化，可能会要求提前离店或推迟离店。宾客提前离店，应通知客房预订处修改预订记录，前台应将此信息通知客房部尽快清扫整理客房。宾客推迟离店，也要与客房预订处联系，检查能否满足其要求。若可以，接待员应开出推迟离店通知单（见表 3-6），通知结账处、客房部等；若用房紧张，无法满足宾客逾期离店要求，则应主动耐心地向宾客解释并设法为其联系其他住处，征得宾客的谅解。如果客人不肯离开，前厅人员应立即通知预订部，为即将到店的客人另寻房间。如实在无房，只能为即将来店的临时预订客人联系其他饭店。处理这类问题的原则是宁可让即将到店的客人住到别的饭店，也不能赶走已住店客人。同时，从管理的角度来看，旺季时，前厅部应采取相应的有效措施，尽早发现宾客推迟离店信息，以争取主动，如在开房率高峰时期，提前一天让接待员用电话与计划离店的住客联系，确认其具体的离店日期和时间，以获所需信息，尽早采取措施。

表 3-6 推迟离店通知单

姓名（NAME）
房间（ROOM）
可停留至（IT ALLOWED TO STAY UNTIL） AM PM
日期（DATE）
前厅部经理签字（FRONT OFFICE MANAGER SIGNED）

（三）宾客不愿翔实登记

有部分宾客为减少麻烦，出于保密或为了显示自己特殊身份和地位等目的，住店时不愿登记或登记时有些项目不愿填写。此时，接待员应妥善处理。

（1）耐心向宾客解释填写住宿登记表的必要性。

（2）若宾客出于怕麻烦或填写有困难，则可代其填写，只要求宾客签名确认即可。

（3）若宾客出于某种顾虑，担心住店期间被打扰，则可以告诉宾客，饭店的计算机电话系统有"DND"（请勿打扰）功能，并通知有关接待人员，保证宾客不被打扰。

（4）若宾客为了显示其身份地位，饭店也应努力改进服务，满足宾客需求。比如充分利用已建立起的客史档案系统，提前为宾客填妥登记表中有关内容，进行预先登记，在宾客抵店时，只需签名即可入住。对于常客、商务宾客及 VIP 宾客，可先请宾客在大堂里休息，为其送上一杯茶（或咖啡），然后前去为宾客办理登记手续，甚至可让其在客房内办理手续，以显示对宾客的重视和体贴。

（四）宾客抵店入住时，发现房间已被占用

这一现象被称为"重房"，是前厅部工作的重大失误。此时，应立即向宾客道歉，承认属于工作的疏忽，同时，安置宾客到大堂、咖啡厅或就近的空房入座，并为宾客送上一杯茶，以消除其烦躁的情绪，并尽快重新安排客房。等房间安排好后，应由接待员或行李员亲自带宾客进房，并采取相应的补救措施。事后，应寻找发生问题的根源，如房间状态显示系统出错，则应与客房部联系，共同采取措施加以纠正。

（五）押金数额不足

由于饭店客源的复杂性，客人付款方式的多样性，饭店坏账、漏账、逃账的可能性始终存在。客人在办理入住登记手续时，如果表示用现金支付费用时，饭店为了维护自身的利益，常要求客人预付一定数量的押金，结账时多退少补，如首次住店的客人、无行李的客人、无客史档案的客人及以往信用不良的客人。押金的数额依据客人的住宿天数而定，主要是预收住宿期间的房租。一些饭店为方便客人使用房间内长途电话（IDD、DDD），饮用房内小酒吧的酒水（Mini-bar）、洗衣费签单等，常会要求客人多预交一天的房租作为押金，当然也是作为客人免费使用房间设备、设施的押金，如果客人拿走或损坏客房的正常补给品则须照价赔偿。在一些时候，客人的钱只够支付房租数，而不够支付额外的押金。遇到这种情况，接待员要请示上级做出处理。如让客人入住，签发的房卡为钥匙卡（不能签单消费），应通知总机关闭长途线路，通知客房楼层收吧或锁上小酒吧。后两项工作一定要在客人进房前做好，不要让住客撞见，以免客人尴尬和反感。客人入住后，客房楼层服务员对该房间要多加留意。

（六）成年男女同住

我国旅客住宿登记制度规定，成年男女要求同房住宿的，除男女双方均为境外旅客外，需持有结婚证或一方所在单位出具夫妻关系证明，才准予安排同房住宿。

（七）加床（Extra Bed）

客人加床大致分两种情况：一是客人在办理登记手续时要求加床；二是客人在住宿期间要求加床。饭店要按规定为加床客人办理入住登记手续，并为其签发房卡，房卡中的房租为加床费，加床费转至住客付款账单上。如客人在住宿期间要求加床，第三个客人在办理入住登记手续时，入住登记表需支付房费的住客签名确认。接待处将加床信息以加床通知单（Extra Bed Information）的形式通知相关部门。

（八）宾客离店时，带走客房内物品

有些宾客或是为了留作纪念，或是贪小便宜，常会随身带走浴巾、茶杯、电视机遥控器、书籍等客房用品。此时，接待员应巧妙地请宾客提供线索帮助

查找：“房间里的 ×× 东西不见了，麻烦您在房间找一找，是否忘记放在什么地方了，或是收拾行李太匆忙顺便夹在里面了。”为宾客解决问题留出余地，给宾客“面子”。若宾客仍不承认，则应耐心解释：“这些物品是非纪念品，如果您实在喜欢，可帮您在客房部联系购买。”切忌草率要求宾客打开箱子检查，以免使宾客感到尴尬，或伤了宾客的自尊心。千万不可与宾客斗“气”争“理”，只有保全宾客的“面子”，问题才容易解决。

任务 3	至尊嘉宾行政楼接待

学习目标

* 了解 VIP 服务流程。
* 能够独立完成 VIP 客人个性化服务工作。
* 熟悉 VIP 客人的信息管理与沟通技巧。

情景导入

张先生一家三口来到滨海城市度假，选择入住一家五星级酒店。由于是酒店常客，升级到了行政楼层的豪华房。到达酒店时经理已经在大堂处迎候，并将他们迎到了行政楼层，孩子一看精美的点心就高兴地欢呼起来，这边马上就有服务人员过来招呼小宝贝，另一边服务员则在给张先生办理入住手续，一边很亲切地和他聊天：“张先生也是同行吧，虽然是第一次见您，感觉特别亲切。”气氛相当融洽。请问，服务人员在行政楼层的工作准备有哪些特别之处？

引导问题：

1. 行政楼层一般设在哪里？

2. 楼层应做的环境准备包括哪些？

3. 如何在接待中体现个性化的服务？

实践设计：

* 请根据情景导入提供的信息进行模拟服务练习。

自我评价：

1. 个人礼貌是否表现恰当：

☐ 得体　　☐ 一般　　☐ 不太清楚　　☐不得体

2. 沟通方式与交流语言运用效果：

☐ 顺畅　　☐ 一般　　☐ 有待改进

3. 能熟悉各项工作的流程：

☐ 独立完成　　☐ 需要指导　　☐ 不能完成

4. 能熟悉酒店其他岗位联系方式并乐于与之协作：

☐ 快速准确　　☐ 乐于协作　　☐ 不能做到

5. 具有灵活应变的服务能力：

☐ 充分具备　　☐ 需要提示　　☐ 不具备

通用知识

[行政楼层服务规范]

四星级以上的饭店大都设有“商务行政楼层”，通常隶属于前厅部。该楼层被誉为“店中之店”，单独设有总台、会客室、咖啡室、报刊资料室、客人休息室及商务中心等，为入住该楼层的客人提供从预订到抵店、入住、离店等全方位服务，集饭店的前厅登记、结账、餐饮、商务服务于一身，为商务客人提供温馨的环境和各种便利，以使其享受更加优质的针对性服务。服务工作包括如下内容：

（1）客人入住服务。

（2）欢迎茶服务。

（3）早餐服务。

（4）鲜花、水果服务。

（5）下午茶服务。

（6）鸡尾酒服务。

（7）退房结账服务。

（8）商务中心服务。

VIP 客人的入住登记手续办理的程序与标准表如表 3–7 所示。

表 3–7 VIP 客人的入住登记手续办理的程序与标准

程序	标准
1. 接待 VIP 客人的准备工作	填写 VIP 申请单，上报总经理审批签字认可 VIP 房的分配力求选择同类客房中方位、视野、景致、环境、房间保养等方面处于最佳状态的客房 VIP 客人到达饭店前，要将钥匙卡、钥匙、班车时刻表、欢迎信封及登记卡等放至客务经理处 客务经理在客人到达前检查房间，确保房间状态正常，礼品发送准确无误
2. 办理入店手续	准确掌握当天预抵 VIP 客人的姓名 以客人姓氏称呼客人，及时通知客务经理，由客务经理亲自迎接 客务经理向客人介绍饭店设施，并亲自将客人送至房间
3. 信息储存	复核有关 VIP 客人资料的正确性，并准确输入计算机 在计算机中注明哪些客人是 VIP 客人，以提示其他部门或人员注意 为 VIP 客人建立档案，并注明身份，以便作为预订和日后查询的参考资料

常住客人接待服务的程序与标准如表 3-8 所示。

表 3-8 常住客人接待服务的程序与标准

程序	标准
1. 长住客人的定义	长住客人均要与饭店签订合同，并且至少留住一个月
2. 长住客人抵店时的接待	当长住客人抵达饭店时，按照 VIP 客人接待程序的标准进行 总台接待员立刻将所有信息输入计算机，并在计算机中注明该客人为长住户（LS）或小包价长住户（LP）（房费包括早餐） 客人建立两份账单，一份为房费单，另外一份为杂项账目单 客人信息确认无误后，为客人建立档案
3. 付款程序	长住客与饭店签有合同，且留住饭店时间至少为一个月，总台负责长住客的工作人员每月结算一次长住客的账目，汇总所有餐厅及其他消费的账单同房费账单一起转交财务部门 财务部门检查无误后，发送给客人一张总账单，请其付清本月账目 客人检查账目无误后，携带所有账单到总台付账 总台将客人已付清的账单转交回财务部门存档

注：LS，一般长住客的注明；LP，小包价长住客的注明。

项目二 细节服务让人心满意足

任务 1	问询及贵重物品寄存

学习目标

* 了解问询服务和贵重物品存放工作流程与规范。
* 能够独立完成对客问询服务和贵重物品存放管理工作。
* 熟悉保险柜等工具的使用及技巧。

情景导入

廖先生因公出差，下榻在本市一家五星级大酒店，身上带有一笔数额不菲的现金，为安全起见，在办理入住登记时，廖先生租用了一个保险柜存放这些现金。三天后，当廖先生准备结账离店，才发现保险柜的钥匙找不着了。前台员工应如何展工作？

引导问题：

1. 问询服务常见的信息收集包括：

□ 最新交通时刻信息

□ 机票、火车票、大巴票的购买地址

□ 城市主要购物店及交通线路

□ 城市文化娱乐活动最新资讯

□ 城市大型企事业单位、机构信息

☐ 周边酒店服务情况

☐ 出租车联络情况

☐ 旅游交通、住宿、餐饮、景点等信息

☐ 医院机构相关信息

☐ 其他，请列举：______________________。

2. 问询服务人员应准备哪些类型的工具或材料以便为客人提供及时、周到的服务？

3. 问询员常用哪些语气的服务语比较利于与客人沟通？

4. 常见保险箱的类型与使用方法有哪些？

5. 酒店有哪些关于贵重物品存放管理的规定？

实践设计：

1. 请模拟解答一位客人咨询本地博物馆参观游览的咨询。

2. 请以情景导入提供的信息为主体内容，进行创编并模拟贵重物品寄存服务流程。

自我评价：

1. 工作准备是否全面细致：

□ 是　　□ 有待改进　　□ 不太明确

准备了哪些常用工具 ________________。

2. 能第一时间关注到客人的到来并热情上前问候及服务：

□ 立刻反应　　□ 反应稍慢　　□ 需要提醒

3. 钥匙管理流程规范、合理：

□ 安全合理　　□ 随意杂乱

4. 语言表达清晰、准确：

□ 口齿清楚、言语清晰、表达准确 □ 语言啰唆、逻辑不清、词不达意

需要改进的问题是 ________________。

5. 客人对服务效果的满意度：

□ 满意　　□ 不置可否　　□ 不满意

不满意的原因是 ________________。

通用知识

[问询服务工作规范]

一、问询服务

问询服务是客房产品销售的配套服务，是免费的服务。大型饭店一般在总服务台设立专门问讯处（Mail & Information），中小型饭店为了节省人力，则由接待员负责解答问询。问讯员在掌握大量信息的基础上，尽量满足客人的各种需求。

（一）问讯处的业务范围

（1）回答客人的咨询，提供准确的信息。

（2）做好留言服务。

（3）处理客人的邮件。

（4）完成客人委托代办的事情。

（5）客房门锁使用传统机械钥匙的饭店，问讯处还要负责管理客用钥匙。

（二）问讯处信息资料准备

问讯员要熟悉和掌握的信息如下：

（1）本饭店的组织结构、各部门的职责范围和有关负责人的姓名及电话。

（2）本饭店服务设施及饭店特色。

（3）本饭店的服务项目、营业时间及收费标准。

（4）饭店所在地大型医院的地址及急诊电话号码。

（5）本地各主要旅游观光景点、商场、购物中心名称、特色及其与饭店的距离。

（6）饭店周边地区的距离及交通状况。

（7）饭店各部门的电话号码。

（8）客源地的风土人情、生活习惯及爱好、忌讳等。

（9）本地主要活动场所，如商业步行街、文体活动场所、交易会展馆等的地址及抵达方法。

（10）本地著名饭店、餐厅的经营特色、地址及电话。

（11）世界各主要城市的时差计算方法。

（12）当地使、领馆的地址及电话号码。

（13）当天的天气预报。

（14）当地航班、火车车次的咨询电话等。

（三）问讯处要备齐的信息资料

（1）飞机、火车、轮船、汽车等交通工具的时刻表、价目表及里程表。

（2）地图的准备：本地的政区图、交通图、旅游图及全省、全国地图乃至世界地图。

（3）电话号码簿：本市、全省乃至全国的电话号码簿及世界各主要城市的电话区号。

（4）各主要媒体、企业的网址。

（5）交通部门对购票、退票、行李重量及尺寸规格的规定。

（6）本饭店及其所属集团的宣传册。

（7）邮资价目表。

（8）饭店当日活动安排，如宴会等。

（9）当地著名大专院校、学术研究机构的名称、地址及电话。

（10）本地主要娱乐场所的特色及其地址和电话号码等。

二、查询服务

（一）查询服务要求

（1）资料准备要齐全。

（2）回答查询要迅速。

（3）答复要耐心准确。

（4）为住客和饭店商业机密保密。

（二）住客查询

住客经常会向前厅问讯处、总机或楼层服务员询问有关饭店的情况。饭店员工应将客人的每次询问都看作是一次产品推销，是增加饭店收入的机会，每位员工均应详细介绍饭店的情况，而不能将其视为一种麻烦。有时客人也会问及饭店当地的一些情况，饭店员工也应详细解答。

（三）查询住客情况

问讯处经常会收到打听住客情况的问讯，如客人是否在饭店入住、入住的房号、客人是否在房间、是否有合住及合住客人的姓名、住客外出前是否给访客留言等。问讯员应根据具体情况区别对待。

1. 客人是否入住本店

客人是否入住本店，问讯员应如实回答（住客要求保密的除外）。可通过查阅计算机或入住资料显示架名单及接待处转来的入住单，确定客人是否已入住；查阅预抵客人名单，核实该客人是否即将到店；查阅当天已结账的客人名单，核实该客人是否已退房离店；查阅今后的客房订单，了解该客人今后是否会入住。如客人尚未抵店，则以“该客人暂未入住本店”答复访客；如查明客人已退房，则向对方说明情况。已退房的客人，除有特殊交代者外，一般不应将其去向及地址告诉第三者。

2. 客人入住的房号

为住客的人身财产及安全着想，问讯员不可随便将住客的房号告诉第三者，如要告诉，则应取得住客的许可或让住客通过电话与访客预约。

3. 客人是否在房间

问讯员先确认被查询的客人是否为住客，如系住客则应核对房号，然后打电话给住客，如住客在房内，则应问清访客的姓名，征求住客意见，将电话转进客房；如客人已外出，则要征询访客意见，是否需要留言。如住客不在房内，问讯员可通过电话或广播代为寻找，并请客人在大堂等候，亦可请行李员在大堂内举牌摇铃代为寻找。

4. 住客是否有留言给访客

有些住客在外出时，可能会给访客留言或授权。授权单是住客外出时允许特定访客进入其房间的证明书。问讯员应先核查证件，待确认访客身份后，再按规定程序办理。

5. 打听房间的住客情况

问讯员应为住客保密，不可将住客姓名及其单位名称告诉对方，除非是饭店内部员工由于工作需要的咨询。

6. 电话查询住客情况应注意的问题

（1）问清客人的姓名，如果是中文姓名查询，应对容易混淆的字，用组词来分辨确认；如果是英文姓名查询，则应确认客人姓（Surname）与名（First Name）的区分，以及易读错的字母，并特别留意港澳地区客人及华侨、外籍华人中既有英文名又有汉语拼音和中文姓氏的情况。

（2）如查到了客人的房号，并且客人在房内，应先了解访客的姓名，然后征求住客意见，看其是否愿意接电话，如同意，则将电话转接到其房间；如住客不同意接电话，则告诉对方住客暂不在房间。

（3）如查到了客人的房号，但房间无人接听电话，可建议对方稍后再打电话来，或建议其电话留言，切忌将住客房号告诉对方。

（4）如查询团体客人情况，要问清团号、国籍、入住日期、从何处来到何处去，其他做法与散客一致。

（四）查询饭店及其他情况

问讯员应主动介绍饭店的设备及服务项目情况，树立全员营销观念，积极、热情地为客人解答问题、提供帮助。

（五）住客要求保密的处理

有些客人在住店时，由于某种原因，会提出对其房号进行保密的要求。无论接待员还是问讯员接受此要求都应按下列要求去做：

（1）此项目要求由问讯处归口处理。如果是接待员接到客人的保密要求，也应交问讯处处理。

（2）问清客人要求保密的程度。

（3）在值班本上做好记录，记下客人姓名、房号及保密程度和时限。

（4）通知总机室做好该客人的保密工作。

（5）如有人来访要见要求保密的客人，或来电查询该客人时，问讯员及总机均应以该客人没有入住或暂时没有入住为由予以拒绝。

（6）如客人要求更改保密程度或取消保密时，应即刻通知总机室，并做好记录。

三、留言服务

前厅问讯处受理的留言有两类：访客留言和住客留言。

（一）访客留言

访客留言是指来访宾客对住店宾客的留言。问讯员在接受该留言时，应请访客填写一式三联的访客留言单（见表 3–9），将被访者客房的留言灯打开，将填写好的访客留言单第一联放入钥匙邮件架内，第二联送电话总机组，第三联交行李员送往客房，因此，宾客可通过三种途径获知访客留言的内容。当了解到宾客已得到留言内容后，话务员或问讯员应及时关闭留言灯。晚班问讯员应检查钥匙邮件架，如发现孔内仍有留言单，则应立即检查该房间的留言灯是否已经关闭，如留言灯已关闭，则可将该架内的留言单作废；如留言灯仍未关闭，则应通过电话与宾客联系，将访客留言内容通知宾客；如宾客不在饭店，则应继续开启留言灯并保留留言单，等候宾客返回。需要注意的是，留言具有一定的时效性，为确保留言单传递速度，有些饭店规定问讯员要每隔一小时就通过电话通知宾客，这样做的目的是让宾客最迟也可在回饭店一小时之内得知留言内容，以确保万无一失。另外，为了对宾客负责，若不能确认宾客是否住在本饭店或虽然住在本饭店但已经结账离店，则问讯员不能接受对该宾客的留言（除非宾客事先有委托）。

表 3-9　访客留言单（VISITORS MESSAGE）

女士或先生（MS. OR MR.）		房号（ROOM NO.）
当您外出时（WHEN YOU WERE OUT）		
来访客人姓名（VISITOR'S NAME）		来访客人电话（VISITOR'S TEL.）
□有电话找您（TEL EPHONED）		□将再来电话（WILL CALL AGAIN）
□请回电话（PLEASE CALL BACK）		
□来访时您不在（COME TO SEE YOU）		□将再来看您（WILL COME AGAIN）
留言（MESSAGE）：		
经手人（CLERK）	日期（DATE）	时间（TIME）

（二）住客留言

住客留言是住店宾客给来访宾客的留言。宾客离开客房或饭店时，希望给来访者留言，问讯员应请宾客填写住客留言单（见表 3-10），一式两联，问讯处与电话总机各保存一联。若宾客来访，问讯员或话务员可将留言内容转告来访者。由于住客留言单已注明了留言内容的有效时间，若错过了有效时间，仍未接到留言者新的通知，可将留言单作废。此外，为了确保留言内容的准确性，尤其在受理电话留言时，应注意掌握留言要点，做好记录，并向对方复述一遍，以得到对方确认。

表 3-10　住客留言单（MESSAGE）

日期（DATE）	
至（TO）	房号（ROOM NO.）
由（FROM）	
我将在（I WILL BE）	
INSIDE THE HOTEL（饭店内）	
在（AT）	
OUTSIDE THE HOTEL（饭店外）	
在（AT）	
电话（TEL. NO.）	
我将于　　　回店（I WILL BE BACK AT）	
留言（MESSAGE）	
经手人（CLERK）	客人签字（GUEST SIGNATURE）

四、邮件的处理

前厅问讯处所提供的邮件服务包括两类：一类是分拣和派送收进的邮包；另一类是代售邮票及为住客寄发邮件。由于问讯处负责分发、保管所有的客房钥匙，所以分拣的邮件、信函可直接转交给宾客，以提高此项服务的效率。在收进的邮件中，由于收件人不同，问讯员应首先对其进行分类，将宾客的邮件、信函留下，其余均派行李员发送给收件人或另做处理。在处理宾客邮件、信函时，问讯员必须耐心、认真，其服务程序如下：

（1）在收进的宾客邮件、信函上打上时间，并按其性质分成普通类、挂号类和手送类。挂号类必须在专用的登记表上登记，如使用住客邮件电报传真递送登记表，内容包括日期、时间、房号、姓名、邮件种类、号码、收件人签名、收件时间、经办人等。

（2）按邮件、信函上收件人姓名在问讯架或计算机中查找其房号，然后将核实的房号注明在邮件或信函正面，并在前厅钥匙格内留下留言单（见表3-11），同处理上述留言一样，根据客房钥匙有无来决定是否需打开客房留言信号灯。

表 3-11 留言单（总台）（MESSAGE FOR）

先生 MR		
女士 MS	房号（ROOM NO.）	
您的（电传、电报、邮件）在问询处，请您在方便的时候与我们联系		
THERE IS AN INCOMING（TELEX，CABLE，MAIL）FOR YOU AT THE INFORMATION DESK，		
PLEASE CONTACT US AT YOUR CONVENIENCE		
经手人（CLERK）	日期（DATE）	时间（TIME）

（3）宾客得到信息后前来取件，问讯员应请其在相应的登记表中签字，同时，问讯员也应在表上签名。

（4）待宾客取走邮件或信函后，问讯员应立即撤掉原先放入钥匙格内的留言单，以免混淆，影响对客服务质量。

（5）若在住客中找不到收件人，问讯员须查阅当日抵店宾客名单和未来几天的预订单或预订记录簿，查看宾客是否即将抵店。如果是，则在该邮件、信函正面注明宾客抵店日期，然后妥善存放在专用的信箱内，待宾客入住时转交宾客。

（6）若仍查找不到收件人，问讯员应核对离店宾客名单和邮件转寄单，如果确认宾客已离店，则应按照客史档案卡上的资料信息或转寄要求将邮件、信函转发给宾客。

（7）若再查找不到收件人，问讯员应将邮件按收件人姓名字母顺序排列存放在信箱内。此后两周内，每天每班指定一名问讯员在当日住客名单及预订抵店宾客名单中继续查找，直至找到为止。若两周内仍查找不到，则将该邮件、信函退邮局处理。

（8）对于挂号类、快递、电报类的邮件，问讯员应尽快转交宾客。按上面程序仔细查找收件人，若找不到收件人，不宜将邮件在饭店保存过久，可考虑在四五天后退回原发出单位。

（9）对于错投类邮件、信函，问讯员应在邮件上贴好退批条，说明原因，集中由邮递员取走。若属挂号或快递类错投，应尽量在接收时确认该邮件收件人不是本店住客而拒收。若当时不能做出决定，则应向邮递员声明，暂时代收，并请其在投递记录栏内注明，然后按上述规定程序处理。

（10）对于“死信”的处理，问讯员应退回邮局处理或按规定由相关人员用碎纸机销毁，任何人不得私拆“死信”。

（11）对于手送类邮件的处理，问讯员应首先在专门的登记本上做记录，内容包括递信人姓名、地址、送来何物及收件人房号、姓名等，并在宾客来取时请其签字。问讯员原则上不应转交极其贵重的物品或现金，此类物品最好由送物者本人亲自转交当事人。

前厅一般不接受挂号信和包裹的寄发，问讯员在接收到宾客送来准备发出的信函时，应按有关规定办理。

任务 2	总机服务

学习目标

* 了解总机服务工作的流程与规范。
* 能够通过话筒完成对客主要服务工作。
* 熟悉总机服务工作方法和酒店各项基本服务。

情景导入

“五一”黄金周的一天 19：40 左右，总机接到一位外地客人打来的电话，他是自己驾车携家人来滨城游玩，而且已在酒店订了房，但天色已黑，不知该如何行车才能到达酒店。总机服务员自认为对本城是最熟悉不过了，于是问清客人所在的位置后，给他指了一条最便捷的行车路线。20 分钟后，这位客人打来第三个电话，说他们已经在东门大转盘了。总机服务员想：这不是离酒店很近了吗？就算是步行，最多也就 5 分钟的路程，于是她不假思索地告诉客人：“绕过转盘上来 100 米左右，在国籍大酒店门口向左一拐就看见我们酒店了！”“上来？上哪儿来？我面前有三四条路，小姐！我又不是本地人，你咋拎不清呢？！”电话那头突然的呵斥声让总机服务员愣住了。两秒钟后她才反应过来，其实在那个转盘里立有一块酒店的方向指示牌，因为不是很大，客人可能没注意。于是总机服务员赶紧说了一声“对不起”后，提醒他注意立在转盘里面的指示牌。一经提示，客人马上就看到了指示牌，说了句“知道了”就挂了电话。

引导问题：

1. 总机接转电话服务工作流程与规范

<table>
<tr><td rowspan="2">流程
名称</td><td rowspan="2" colspan="3"></td><td>文件受控状态</td><td></td></tr>
<tr><td>文件管理部门</td><td></td></tr>
<tr><td colspan="2">服务程序</td><td colspan="4">服务规范</td></tr>
<tr><td colspan="2" rowspan="5">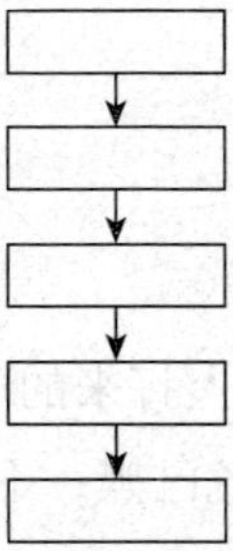</td><td colspan="4">1.
（1）
（2）</td></tr>
<tr><td colspan="4">2.
（1）
（2）</td></tr>
<tr><td colspan="4">3.
（1）
（2）</td></tr>
<tr><td colspan="4">4.
（1）
（2）</td></tr>
<tr><td colspan="4">5.
（1）
（2）</td></tr>
<tr><td>相关说明</td><td colspan="5"></td></tr>
<tr><td>编制人员</td><td></td><td>审核人员</td><td></td><td>批准人员</td><td></td></tr>
<tr><td>编制日期</td><td></td><td>审核日期</td><td></td><td>批准日期</td><td></td></tr>
</table>

2. 电话免打扰服务流程与规范

<table>
<tr><td rowspan="2">流程
名称</td><td rowspan="2" colspan="3"></td><td>文件受控状态</td><td></td></tr>
<tr><td>文件管理部门</td><td></td></tr>
<tr><td colspan="2">服务程序</td><td colspan="4">服务规范</td></tr>
</table>

续表

<table>
<tr><td rowspan="5" colspan="2">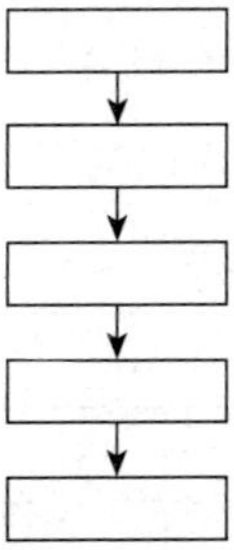</td><td colspan="4">1.
（1）
（2）</td></tr>
<tr><td colspan="4">2.
（1）
（2）</td></tr>
<tr><td colspan="4">3.
（1）
（2）</td></tr>
<tr><td colspan="4">4.
（1）
（2）</td></tr>
<tr><td colspan="4">5.
（1）
（2）</td></tr>
<tr><td>相关说明</td><td colspan="5"></td></tr>
<tr><td>编制人员</td><td></td><td>审核人员</td><td></td><td>批准人员</td><td></td></tr>
<tr><td>编制日期</td><td></td><td>审核日期</td><td></td><td>批准日期</td><td></td></tr>
</table>

3. 电话问询服务流程与规范

<table>
<tr><td rowspan="2">流程
名称</td><td rowspan="2" colspan="2"></td><td>文件受控状态</td><td></td></tr>
<tr><td>文件管理部门</td><td></td></tr>
<tr><td colspan="2">服务程序</td><td colspan="3">服务规范</td></tr>
<tr><td rowspan="3" colspan="2">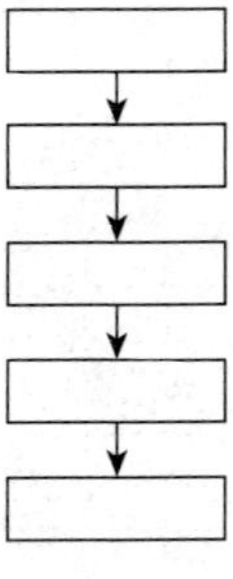</td><td colspan="3">1.
（1）
（2）</td></tr>
<tr><td colspan="3">2.
（1）
（2）</td></tr>
<tr><td colspan="3">3.
（1）
（2）</td></tr>
</table>

续表

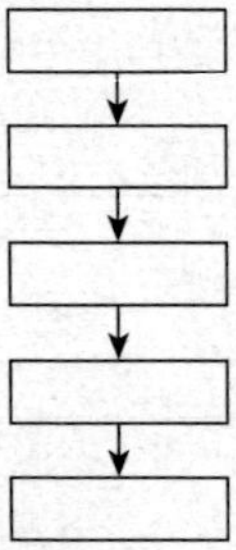	4. （1） （2）				
	5. （1） （2）				
相关说明					
编制人员		审核人员		批准人员	
编制日期		审核日期		批准日期	

4. 叫醒服务流程与规范

流程名称				文件受控状态	
				文件管理部门	
服务程序	服务规范				
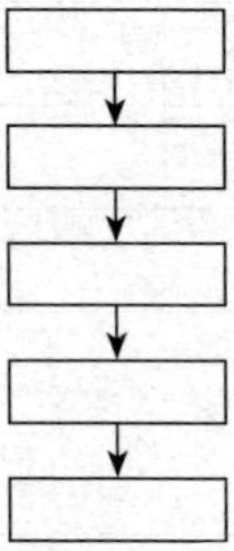	1. （1） （2）				
	2. （1） （2）				
	3. （1） （2）				
	4. （1） （2）				
	5. （1） （2）				
相关说明					
编制人员		审核人员		批准人员	
编制日期		审核日期		批准日期	

5. 报警电话工作流程与规范

流程名称		文件受控状态	
		文件管理部门	
服务程序	服务规范		
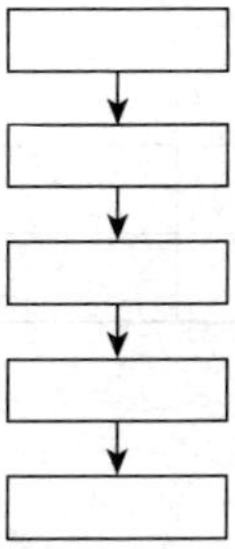	1. （1） （2） 2. （1） （2） 3. （1） （2） 4. （1） （2） 5. （1） （2）		
相关说明			

编制人员		审核人员		批准人员	
编制日期		审核日期		批准日期	

6. 住客要总机拨打长途工作流程与规范

流程名称		文件受控状态	
		文件管理部门	
服务程序	服务规范		
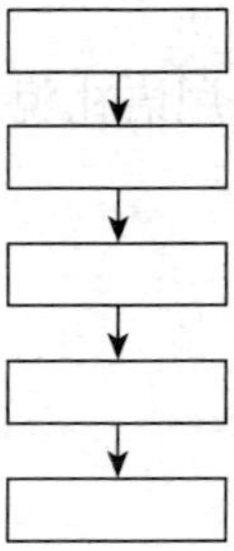	1. （1） （2） 2. （1） （2） 3. （1） （2）		

续表

<table>
<tr><td colspan="2" rowspan="2">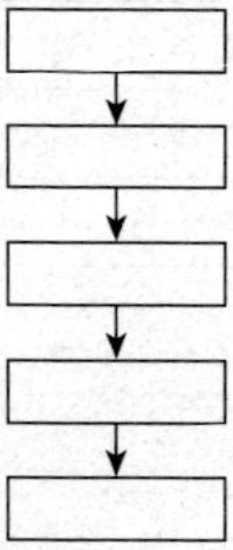</td><td colspan="4">4.
（1）
（2）</td></tr>
<tr><td colspan="4">5.
（1）
（2）</td></tr>
<tr><td>相关说明</td><td colspan="5"></td></tr>
<tr><td>编制人员</td><td></td><td>审核人员</td><td></td><td>批准人员</td><td></td></tr>
<tr><td>编制日期</td><td></td><td>审核日期</td><td></td><td>批准日期</td><td></td></tr>
</table>

实践设计：

请以情景导入提供的情景为主体内容，进行创编并模拟总机服务流程。

自我评价：

1. 接听电话是否做到三响之内：

□ 是　　□ 有时候　　□ 很少

2. 接通电话后，应主动报什么：

□ 核实客人姓名　　□ 问好

□ 自报家门　　□ 询问客人有什么事

3. 通话过程中能否打断客人说话：

□ 能　　□ 不能　　□ 视情况而定

4. 与客人通话期间，做到了以下哪些方面：

□ 微笑　　□ 坐姿端正　　□ 用语礼貌

□ 口气清新　　□ 便签和笔

5. 话务员给对方拨打电话，通话结束后应由谁先挂断电话：

□ 客人先挂　　□ 话务员先挂

通用知识

［总机服务规范］

一、总机岗位结构

总机房的管理层级由总机领班和话务员岗位构成，其直接上层主管是大堂副理。

二、岗位职责

（一）总机领班职责

（1）向前厅部经理负责，以身作则保证总机全体员工认真执行酒店各项规章制度。

（2）负责制订和完善总机的管理程序和操作程序。

（3）制订总机培训计划，提高员工业务技能。

（4）检查和控制总机的服务质量。

（5）配合有关部门妥善处理酒店内火警、盗警等重大突发事件。

（6）合理分配当班话务员的工作，并按要求对总机员工进行考核评估。

（7）协助酒店财务部门控制酒店分机的话费支出。

（8）定期编印酒店内电话号码表并及时更新发至相关部门。

（9）对话务员的值台工作进行督导，及时反映工作中的问题。

（10）完成前厅部经理交办的其他工作任务。

（二）总机领班工作内容

（1）提前5~10分钟到岗，签到并阅读交班本，检查前一班次工作。

（2）参加前厅部经理支持的有关会议，并及时传达会议精神。

（3）根据登记表重点检查核对当日重点客人叫醒，发现问题及时处理。

（4）整理即将入住VIP宾客和当日在店重要接待活动的报表，核对房间内电话的保密工作及电话过滤工作。

（5）随时检查核对话务员受理的每一份留言及叫醒记录，发现问题及时纠正。

（6）晚班下班前与前台保持联系，确保每一位登记的叫醒记录及时输入电脑。清点核对由前台通知的所有当日到店团队客人用房分配表及叫醒时间，发现遗漏及时跟踪。

（7）在当班对客服务过程中，注意检查员工转接电话的语音语调和礼貌服务用语，随时协助处理各种疑难问题。

（8）大夜班时，检查电话线路的异常情况。

（9）培训新员工，使其尽快掌握接线员的工作标准。

（10）记录并小结当班中发生的重要事项，填写交班本，同时对当班员工的表现进行考核。

（11）整理工作台面，将未尽事宜移交下一班。

（三）话务员岗位职责

（1）礼貌、准确地转接内外线电话。

（2）及时、准确地提供住店客人的叫醒服务。

（3）受理客人的电话留言。

（4）为客人提供长途电话的代拨、计费及咨询服务。

（5）负责酒店消防报警及应急情况的内部沟通工作。

（6）不断提高自己的工作技能，充分掌握电话业务知识，尽自己最大的能力帮助客人，满足客人的需求。

（7）完成领班下达的其他任务。

（四）话务员工作内容

（1）提前5分钟到岗。

（2）阅读交班本，了解客人换房和重要客人房间信息，留意当天的天气预报及当日在店大型活动情况。

（3）按话务员的岗位职责，及时向店内外所有客人提供查询、留言及电话转接服务。

（4）为客人提供世界时钟的查询服务。

（5）早班根据上一班的叫醒记录与电脑核对是否相符。

（6）晚班下班前整理有关次日的所有叫醒记录，并及时输入电脑。

（7）大夜班检查电话线路的异常情况，发现问题及时汇报处理。

（8）保持工作区域及台面的卫生整洁。

（9）未尽事宜及时向领班汇报，征得同意后移交下一班。

任务 3	突发事件处理

学习目标

* 了解酒店服务常见突发情况。
* 能够按照酒店规定处理突发事件。
* 熟悉突发事件处理中涉及的普通法律、法规。

情景导入

一天中午，小王正在所供职的玄武饭店大厅服务，一位在前台登记入住的客人焦急的表情进入了小王的视线。原来这位姓谢的旅日华侨，刚刚从成都飞抵南京，发现自己的大莱卡（Diners Club）遗失了，内有110万日元，身上现金所剩无几，而第二天下午5：00前必须赶到上海乘飞机回日本，焦虑万分。小王立刻上前安慰客人，并帮助他回忆最后一次用卡的时间。谢先生说在成都的某酒店结账时还在用，小王就询问谢先生是否知道酒店的电话号码，而他只知道酒店的名称，小王迅速地拿出手机通过金钥匙服务网络很快就查到了这家酒店的电话号码，于是，小王连线了该酒店的大堂经理，得知客人将信用卡遗失在结账处，小王立即请成都这家酒店采用民航快递，经最早的航班将信用卡直接邮寄给他，并根据谢先生第二天要赶回日本的要求及时准确地安排了行程，帮助他订了去上海的火车票。第二天一早，小王亲自到机场取回了信用卡，在谢先生即将离店赶往火车站之际，将失而复得的信用卡交到他的手中。谢先生感激地说：“如此高效率的金钥匙服务，真是无所不能，让我敬佩，来南京我只选择玄武饭店，我还要推荐我的朋友来南京入住你们的酒店。”说着，拿出1000元人民币作为小费给小王，被小王婉言谢绝：“金钥匙不是无所不能，但会竭尽所能，在我们金钥匙的字典中找不到‘不’字，为您所做的一切，只是我们每一位金钥匙的工作职责。”谢先生感激地紧紧握住小王的手，一再表示感谢……

回到东京以后，谢先生将这件事告诉了他的朋友。一个月内，他和他朋友的公司的客人在玄武饭店开房达 50 多间 / 天，并和小王成为好朋友，也成为饭店的忠实客户。

引导问题：

1. 常见的突发事件按事件性质可以分为哪几类？

2. 请确认下列事件需要联络的部门：

☐ 客人物品失窃　　联系部门：________

☐ 客人酒醉回到酒店大堂　　联系部门：________

☐ 突发火灾　　联系部门：________

☐ 停电　　联系部门：________

☐ 电梯故障，客人被关在电梯内　　联系部门：________

☐ 发生地震　　联系部门：________

☐ 服务失误烫伤了客人　　联系部门：________

☐ 客人在酒店内摔跤受伤　　联系部门：________

☐ 客人突发疾病　　联系部门：________

☐ 刚进店客人发现物品遗留在出租车上　　联系部门：________

3. 处理突发事件的基本原则是什么？

4. 处理突发事件的工作流程是什么？

5. 能否避免一些常见突发事件的发生？如何避免？

实践设计：

请根据引导问题 2 提供的常见突发事件，模拟训练处理相关事件的流程。

自我评价：

1. 遇上突发事件的第一应对措施：

□ 报警　　□ 报告直接领导　　□ 马上着手解决　　□ 报告总机

2. 突发事件的处理是否遵照酒店工作原则和要求：

□ 是　　□ 不是　　□ 具体情况具体对待

3. 是否掌握了一些基本的急救与自救的方法：

□ 掌握　　□ 没有掌握　　□ 不确定是否准确

4. 是否将突发事件等同于客人投诉看待：

□ 是的　　□ 不是的

原因：＿＿＿＿＿＿＿＿＿＿＿＿＿＿＿＿＿＿＿＿＿＿＿＿＿＿＿＿。

5. 处理突发事件是否有“时效”的要求：

□ 有　　□ 没有

通用知识

[突发事件处理]

一、常见突发事件及处理办法

（一）如何处理素质低的客人

在服务过程中有时会出现经常把脚放在台上的客人，这时可以利用经常换烟灰缸或收拾台面来干扰客人，同时也礼貌地提醒客人把脚放低。

（二）如何处理喝醉酒到处闹事的客人

应马上通知喝醉酒客人的朋友，把其劝回自己房间或先把其送走，不得已的情况下才通知保安，以免把事情闹大。

（三）如何处理客人发生口角、打斗

发现客人发生口角，应立即通知经理马上出面调解，如发生打斗应马上通知上司，情况严重的及时通知保安，让保安把打斗的客人送出门口并注意事态的发展。

（四）如何处理客人自带酒水、食物

这时，应向客人解释公司不接受客人自带酒水及食物，如客人一定要的话，应通知上司解决。可收取相应的开瓶费，或请客人将自带酒水、食物存放在寄存处，并在酒单上写明开瓶费及相应价钱。

（五）如何处理服务员或客人自己将酒水倒在桌面上

如果服务员倒酒水在桌面上，应马上说："对不起，我马上帮您抹掉。"然后用干净抹布抹干桌面，换掉原先的酒杯，用新杯重新再倒酒水，如果是客人不小心自己倒酒的，应马上递上毛巾（纸巾）擦掉水迹，再递上纸巾，吸干污物。

（六）如何处理客人损坏公司财物

应留服务员保护现场，让另一服务员通知该区经理，耐心向客人解释物品的贵重，如电视机、音响之类应照价赔偿，如客人继续其行为，通知保安将其送到公安机关处理。

（七）如何处理打破玻璃或倒洒酒水在地上

服务员应马上站在现场，提醒过往客人注意，另一位服务员立即通知清洁部清洁现场，有异味应喷空气清新剂。

（八）客人遗失物品怎样处理

先询问客人是否朋友拿了去用，同时也检查服务员，询问当时情况，并立即通知保安检查该员工储物柜，如还没有找到就叫保安做记录，以便以后有线索可以联系到该客人；下班后认真检查员工手袋。

（九）客人在洗手间跌倒或晕倒怎么办

此时，洁厕工应马上扶起客人，通知经理，如客人有伤应立即扶到安全的地方稍作休息，情况严重的应叫保安将该客人送到附近医院就医。洁厕工要事先经常留意洗手间的卫生，保持地面干爽清洁。

（十）客人投诉酒店设施设备怎么办

各部门服务员在服务过程中应检查设施设备的运行情况，有问题及时报告和处理，如发生客人投诉酒店设施设备的问题，服务员应先用礼貌用语安顿好客人，即通知主管或经理处理。

（十一）当客人与员工或公司利益发生冲突时应该怎么办

应做到你恼我不恼，用婉转语言同其讲明事情，不得态度蛮横、粗言以对，并立即通知上级。

（十二）客人有不轨动机、行为时应怎样处理

在不得罪客人的情况下，坚决地跟客人说“No”，请客人顾及身份；在表明立场之后，如果对方还纠缠不休，应通知上司，进行临时岗位调换，避开客人骚扰。

（十三）发生停电故障应怎样处理

在台面增置蜡烛杯，点蜡烛的过程中安慰客人：“没事，很快就会有电，可能是有点小问题，我们的工程部正在抢修，请先坐一会儿；再说我们公司自己有发电机。”

（十四）当全部客人离开厅房而未埋单时应怎样处理

上前询问客人是否埋单，当回答说不是、是去看节目时，应暗示客人：“请问你们全部走开吗，是不是留下一两个人看包，避免贵重物品丢失。”而客人说不用时，应设法通知上司协助，看清客人去向，如果客人是看节目，应派人看住客人，如果客人离场，即时通知上司及保安协助埋单。

（十五）当发生火警、打架斗殴时该如何处理

（1）当火警发生时，不论事态严重与否，都必须做到保持镇静，不能惊慌失措、大喊大叫。

（2）第一现场员工必须稳住客人情绪。对客人讲：“各位贵宾，我们公司应急服务员正在扑灭火患，目前正得到控制，请诸位不要惊慌。”

（3）了解客人有无埋单，并掌握消费情况。

（4）呼唤附近同事援助，帮助看好该区的客人动向，防止跑单。

（5）通知（附近的）保安，说出火警发生的具体地点及火情。

（6）在安全的情况下，利用就近的灭火器，配合保安尽力将火扑灭。电器起火用“1211”型号灭火器或干粉灭火器；香烟未熄灭而引起的火灾，用“1211”型号灭火器；因漏电短路而引起的火灾，切记不能用水和泡沫液体型灭火器；一定要用“1211”型干粉灭火器。

（7）关掉一切电源开关（含电器用具类）。

（8）如果火势蔓延，必须配合保安、公司领导及同事引导客人按正确的安全通道撤离火警现场，以免客人受到损伤。

二、处理突发事件的基本原则和方法

（一）目的

能够深入了解酒店服务管理的重心，帮助我们掌握平衡“酒店利益”与“客人利益”关系的服务技巧，从而建立双赢的局面。

（二）基本原则及方法

1. 制订实施预案的主要内容

酒店内发生具有社会危害性和灾害性的事件，主要有三个方面：一是破坏性事件，如放火、爆炸等；二是重大刑事犯罪活动，如抢劫、绑架、凶杀等；三是群体扰乱公共场所秩序的治安事件。酒店安保部要针对这三方面问题结合具体情况，制订处置预案。

意外事件的性质不同，预案所反映的内容也有区别。但就意外安全事件的共同属性而言，预案应包括下列主要内容：

（1）建立处置意外事件的指挥机构。意外事件指挥机构一般分二级：店级指挥机构和安保部指挥机构。要规定指挥机构的领导成员及其职责范围，要明确无论什么时候发生意外事件，指挥机构都能在自己的管辖范围内做出处置决策。当意外事件危害酒店全局利益时，店级指挥机构负责指挥和协调，应调动全酒店的安全保卫力量和各部门人员按预案程序采取行动。安保部指挥机构除积极配合店级指挥机构工作外，主要负责某一个部门发生的一般意外事件的处理。

（2）建立统一的报警和信息传递程序。酒店发生意外安全事件，一般由内部员工发现。发现情况如何报警，向哪个部门报警，有一个程序问题。一般报警通常有两条线：一条是向安保部报警，另一条是向公安部门报警。在预案中制订的报警程序，一般规定应该先向酒店安保部报警，酒店安保部在初步了解事件性质的情况下，即向有关公安部门和上级领导汇报。同时，接受指挥部门的指令，采取处置措施。指令传递、信息反馈要做到迅速及时，上下联系渠道畅通，这些必须在预案中充分反映出来。

（3）处置力量的部署和具体任务。预案中对处置力量要做具体部署，同时要明确各自的具体任务。一般力量部署有以下几个方面：一是现场守护力量，负责警戒，防止现场遭受破坏；二是抢救排险力量，负责受伤人员的抢救，排除灾害险情；三是调查取证力量，负责现场录像、照相和对有关人员的访问；四是捕捉和堵截罪犯力量，发现肇事或破坏分子要及时捕捉，并认真看管，逃离现场的要布置各通道出口堵截；五是联络配合力量，负责与公安部门及酒店各部门的联系，配合公安人员开展查处工作；六是机动力量，负责支援工作；七是保护力量，发生任何危害性的破坏事件，要组织一定力量对重点部位加强保护；八是宣传和疏导力量，负责客人的安全宣传和组织疏散。

2. 制订实施预案的原则和方法

（1）制订实施预案的原则。

①必须贯彻客人安全第一的原则。在制订和实施预案过程中，要以维护客人利益、保障客人人身、财产安全为前提，但贯彻客人安全第一，还必须考虑到客人心理上的影响。如果有效地处置了各类治安灾害事故，但在处置过程中方式不妥，波及众多客人，必将影响客人心理上的安全感。因此，预案要体现使客人能最大限度地体会到安全和在心理影响上降到最低限度，要做到使酒店的秩序尽快恢复正常，实施行动要快速而有条不紊。这样才能达到内不乱且外不慌，维护好酒店的安全信誉。

②必须坚持“统一指挥、协调配合”的原则。预防和处置意外事件，是一项整体性的行动，只有实行统一指挥，各方协调配合，并按预案的具体分工，各司其职，才能完成总体任务。因此，在预案中要拟订每一个不同层次的管理人员和基层员工所具有的岗位职责以及接受命令，按一定程序执行任务的方法。

③必须坚持严格依法办事、讲究政策和策略的原则。酒店发生意外事件，在处置过程中会出现各种情况，要考虑到酒店本身的复杂性。不管事件性质如何，涉及对象是谁，都必须遵循法律程序，实事求是地合情、合理、合法地进行处理。但对有些事件，还要讲究政策和策略。如酒店公共场所发生群体性的治安紧急事件时，首先，要认识到这类事件的特征。这类事件的发展，

一般需经过接触与摩擦、情绪感染、集体激动的过程。有的事件发生之初，并非是群体行为，而由各种因素的作用，诱发原来与事件无关人员卷入事件之中，致使事态扩大。其次，要找产生的原因。如果是管理工作失误引起的，要及时纠正，消除对立情绪，并注意有关人员的动向，做好解释和稳定情况的教育工作。

（2）制订实施预案的方法。

①调查研究、拟订预案。酒店的专门预案，主要由安保部制订。安保部在制订专门预案时，要针对酒店的具体情况，开展调查研究。如治安状况、四周环境治安特点以及直接危害酒店安全的行为和易发生治安灾害事件的地方等，先拟订预案的设想方案。

②征求意见，修正预案。安保部拟订预案后，要广泛征求意见，进行必要的修改。一般征求意见的范围有：单位领导的综合性意见；部门领导的可行性意见；有关政府部门的业务指导性意见；群众接受程度的意见。

③领导批准，组织落实。安保部制订预案后，要上报酒店经理批准并转发各部门贯彻落实。同时，安保部要开展业务指导，组织实施和检查督促。

④定期演练，充实完善。预案制订后，安保部要定期组织有关人员演练，强化操作技能，提高员工整体作战和快速反应能力。对演练中暴露出的问题，可及时在预案中充实完善，使预案更切合实际。

三、各类突发事件的预防和处理

（一）抢劫案件应急措施

（1）当酒店发生抢劫案件时，如劫匪持有武器（指枪械），在场员工应避免与匪徒发生正面冲突，保持镇静，并观察匪徒的面貌、身型、衣着、发型及口音等任何特征。如劫匪未持有武器且有足够人手可以制伏匪徒时，则等待适当机会将之擒获交与警方，但绝不可草率从事以免造成不必要的伤亡。如监控中心工作人员发现酒店内发生劫案应立即告知部门经理或总值班员，并按指示向 110 报警。

（2）如劫匪乘车逃离现场，应记下其车牌号码、颜色、车款或牌子等，并记清人数。同时可以乘的士或其他交通工具跟踪并用通信工具向 110 报告方位和地点，以便警方组织力量设卡拦截。在跟踪的过程中要注意隐蔽，以确保自身安全。

（3）保护好现场。劫匪遗留的凶器、作案工具等不要用手触摸。划出警戒范围，不要让无关人员进入现场。

（4）如现场在交通要道、公共场所等人多拥挤处无法将劫匪留下的证物留在原处的，应一一收拾起来用塑料袋装好，交给警方处理。

（5）访问目击群众，收集发生劫案的情况，提供给公安机关。同时，公安人员未勘查现场或未处理完毕之前，相关人员不要离开。

（6）在场人员不可向报界或无关人员透露任何消息，不准拍摄照片。

（7）如有伤者，要立即送往医院救治，并报告公安机关。

（二）绑架人质案件应急措施

（1）当酒店客房发生人质绑架案件时，楼层服务人员应立即向部门经理、总值班员和保安部报告。

（2）接报后应急处理小组可在事发楼层设立指挥部，并在第一时间报警。

（3）在警方到达之前应封锁消息，严禁向无关人员透露现场情况，以免引起客人惊慌和群众围观，导致劫匪铤而走险，危害人质安全。

（4）尽量满足劫匪的一些合理要求，如送水、送食物，以稳定劫匪的情绪。

（5）保安、工程人员在附近待命，以便配合公安人员的行动，并划出警戒范围。同时疏散劫匪所在房间上下、左右房的客人，以防劫匪带有爆炸危险物品。

（6）及时收集、准备好客房的登记入住、监控录像、工程图纸等资料，提供给警方。

（三）斗殴案件应急措施

（1）当酒店内发生斗殴事件时，应立即制止劝阻及劝散围观人群。

（2）如双方不听制止，事态继续发展，场面难以控制时，应迅速报告公安机关及知会酒店相关部门人员。保安员应迅速到场戒备，防止损坏酒店物品。

（3）如酒店物品有损坏，则应将殴斗者截留，要求赔偿。如有伤者则予以急救后交警方处理。现场须保持原状以便警方勘查，并协助警方辨认滋事者。

（4）如斗殴者乘车逃离，应记下车牌号码、颜色、车型及人数等特征。

（5）协助警方勘查打斗现场，收缴各种打架斗殴工具。

（四）食物中毒事件应急措施

在酒店如发现任何人士有中毒情形，无论是误服或故意服毒，除立即报警外，还需采取以下措施：

（1）拨打急救中心电话“120”呼救，如医务人员没有及时赶来，中毒者有生命危险，要将中毒者送附近医院抢救，并通知中毒者的单位或亲友。

（2）保护中毒者所在现场，不要让任何人触摸有毒或可疑有毒的物品（如药物、容器、饮品及食物、呕吐物等）。

（3）安排好车位以便警车和救护车到达及离开时用。

（4）将中毒者之私人物品登记交与警方，防止闲杂人员围观。

（5）将有关资料（包括警车、救护车到达及离开之时间、警方负责人姓名等资料）登记备案。

（6）发现投毒者或可疑人员，立即扣留，交警方处理。

（五）台风应急措施

（1）各工作岗位人员应坚守岗位，未经允许或接替绝不可离岗。

（2）工程部应对天棚、墙外装饰、招牌等进行检查，必要时给予加固。应做好电力设备的保障工作，防止因台风引起线路故障或电击伤人事故。要确保下水道畅通，避免引致水浸。

（3）保安员要留意和指导车辆停放，避免被吹落物砸坏。同时要加强警戒，防止坏人趁机作案。

（六）发生爆炸物（恐吓电话）应急措施

1. 接炸弹恐吓电话时处理办法

（1）任何人接到炸弹威胁电话，都应听清来电者的每一个字、噪声及其背景声音，以猜测来电者的位置。

（2）假装听不清电话、拖延来电者占线时间以尽量获得更多信息，并做详细记录。

（3）如来电者同意，可将电话转给总经理或总值班员。同时通知保安迅速采取行动。

（4）如果来电说完就挂断电话，则立即通知总值班员或相关人员，以便采取进一步行动和对策。如有录音设备要及时对通话进行录音。

2. 接到电话后处理办法

（1）对电话内容绝对保密，并立即通知总经理、总值班员。

（2）总经理、总值班员接警后应及时向公安机关报告，并召集应急处理小组人员进行磋商。

（3）应急处理小组应对事件进行评估并决定是否需要组织人员对炸弹进行搜索。

（4）通知警方，为了避免人群聚集及防止肇事者在公共场所散布不满和制造恐慌，须迅速派出便衣保安人员到公共场所戒备，同时派出穿制服的保安员进行外围警戒。

（5）警方到达现场并开展搜查时，保安部应知会相关部门经理，以配合警方行动。

3. 对炸弹搜索的办法

原则上不允许员工参与对炸弹搜索的行动，但如果员工自愿并在确定风险系数后，可使用相关工具按有关程序进行搜索。

（1）应急处理小组或保安部经理负责指导正当的搜索行动。

（2）搜索者在未经确定前不得接触或弄乱任何有可能容纳爆炸装置的包裹、箱子或其他物体。

（3）如发现情况，应及时报告应急小组或保安部经理。保安部经理接报后须通知警方，并派出保安员对炸弹或可疑物体的区域进行隔离警戒。

（4）在警方到达现场对可疑物品进行检测和解爆时，应疏散附近无关人员并知会各相关部门经理，以配合警方工作和确保人员生命财产安全。

4. 事件处理中与有关部门的工作

（1）应急小组应密切关注事态的发展，谨慎回答客人的疑问。

（2）妥善处理客人对炸弹威胁的恐慌。

（3）配合公安机关进行有关调查并与有关人员保持密切联系。

（4）如有客人要求与某位权威人士通话，话务员可将电话转给应急处理小组成员。

（5）酒店情况发生任何变化，话务员须将应急处理小组的指示及时通知各部门经理。

(6) 保安部负责派出人员到危险区附近的入口进行警戒，严禁无关人员进入。

（7）防止肇事者在公共场所散布不满和制造恐慌。

（8）如警方到达后，警戒人员应指引他们从后方区域到达事发现场。保安人员须保持警惕直到紧急情况结束。

（9）如发生意外有人员受伤时，办公室负责组织人员抢救和疏散如事件现场涉及电器和机械设备，工程部须配合警方工作。

（10）如事件现场涉及电器和机械设备，工程部须配合警方工作。

模块四

“您好，请问现在可以打扫房间了吗”——客房清扫与管理

项目一 爱一家店，恋一张床

任务 1	让人眼前一亮的客房

学习目标

* 了解客房的类型。
* 掌握客房用品的配置。
* 熟悉客房的功能布局与主要设施。

情景导入

某酒店实习生杰克第一天到客房部上班，接到的工作任务是为一个旅游团队准备客房。该团队客人所需要的房型有双人间、大床间、豪华套房，在为客人准备房间时杰克发现不同房型的客房里的物品配置有不同的要求。下面我们跟着杰克工作的脚步走进酒店的客房部。

引导问题：

1. 上岗前，客房部员工应具备的个人形象准备包括：

□整洁的制服

□配饰恰当

□端庄的姿态

□清洁的个人卫生

□淡雅的妆容

□其他

2. 酒店客房的类型有哪些？

3. 客房内按照客人起居生活的特点可以划分为哪几个区域？请在以下图中标注。

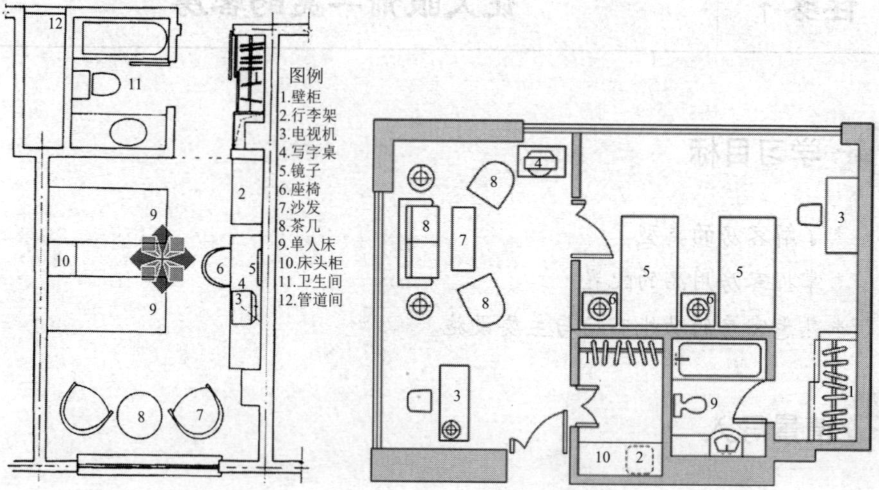

4. 客房家具选择的原则是什么？

5. 客房陈设布置的原则是什么？

实践设计：

预设团队中有一对新婚夫妇，参团旅游是为了度蜜月。请根据提供的信息进行模拟练习，思考在布置客房时应提供什么样的服务。

自我评价：

1. 个人形象准备工作评判：

□ 得体　　□ 一般　　□ 不太清楚　　□不得体

2. 具有上岗所需的良好仪容仪表和礼节礼貌：

□ 适合上岗　　□ 有待改进

3. 能与酒店相关部门或岗位人员合作完成服务工作：

□ 熟练准确　　□ 需要指导　　□ 不能完成

4. 能根据客人特点提供恰当的房型：

□ 准确识别　　□ 不能做到

5. 具有节能意识、安全意识、服务意识、环保意识：

□ 充分具备　　□ 需要提示　　□ 不具备

6. 具有规范的服务步骤，能顺利完成客人迎接服务：

□ 规范　　□ 不规范

通用知识

［**酒店客房部简介**］

一、概况介绍

酒店是旅行者到达旅行目的地后寻求的主要设施，并以此为基地进行各种活动以实现其旅行的目的。在旅行者对酒店的各类设施的需求中，对客房的需求属于首选。客房是客人旅游投宿的物质承担者，也是酒店经济收入的主要来源之一。在我国旅游酒店的建筑结构中，客房的建筑面积一般占总面积的60%以上。它既是酒店的基本设施和存在的基础，又是酒店档次和服务质量的重要标志。

二、客房部组织机构

客房部是一个组织，作为组织就要有一个正规的机构。组织机构的作用是规定组织内部的信息传递渠道，明确各岗位的职责与权限以及各组成部分之间的关系。设置客房部的组织机构及工作岗位时，要以酒店的管理系统及运行模式为指导，遵循组织管理的基本原理，适应酒店的发展变化，力求科学合理。

客房部的组织机构没有统一的模式和固定的形态，各酒店要根据自身的类型与规模等客观条件，以及经营指导思想等主观因素进行设计，还要随着酒店的发展变化及时地做出调整。根据我国旅游酒店的普遍做法，一般把客房部的组织机构形态综合分为大中型和小型两类。

（一）大中型酒店的客房部组织机构

在大中型酒店里，客房部的责任范围较大，管辖的区域往往也较多，因此这类酒店客房部组织机构的规模也就比较大，其分支机构和机构层次较多，工种齐全、分工细致、职责明确。大中型酒店客房部一般分为客房服务中心、公共区域和洗衣房三个基本部分，有的还将楼层和布件房单列，从而分为五个部分。在层次上，客房部通常有经理、主管、领班和普通员工四个层次（见图 4-1）。

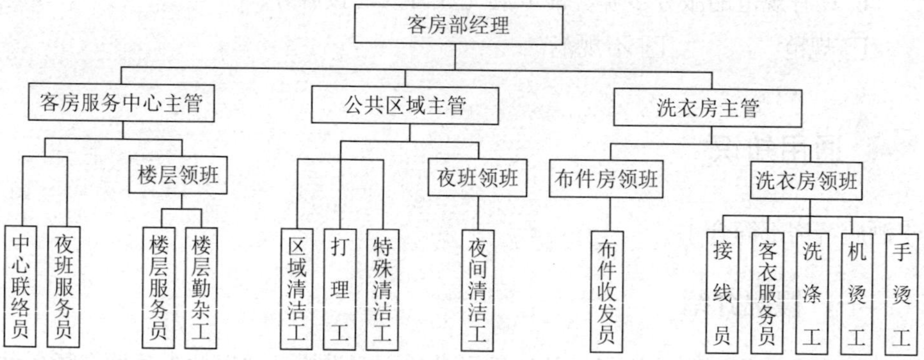

图 4-1　大中型酒店的客房部组织机构

（二）小型酒店的客房部组织机构

与大中型酒店相比，小型酒店的规模小，配套的附属设施设备较少，其组织机构设置也比较精简。因此，在小型酒店里，往往不单设客房部，而是将客房部分与前厅部分合并为房务部，即将客房部作为房务部的一部分。即使将客房部单设，其分支机构、工种岗位和机构层次也比较少（见图 4-2）。

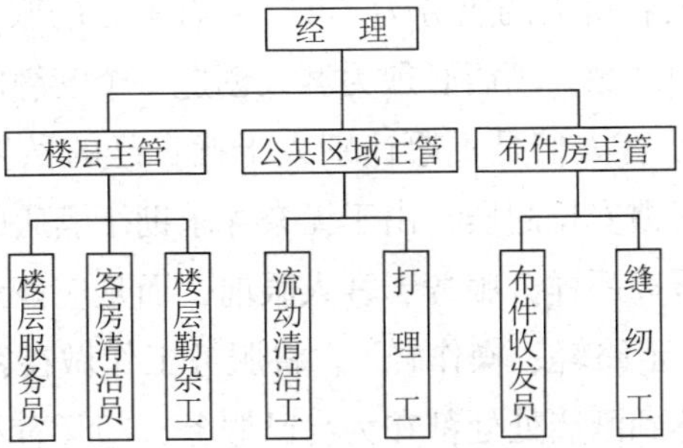

图 4-2　小型酒店的客房部组织机构

三、客房产品的特点

在旅游者的心目中，酒店的客房不再仅仅是满足其生存需要的栖身之地，他们期望有一个舒适、符合自己生活习惯方式的住宿环境，并能接收到各种周到的服务，得到满意的物质享受和精神享受，从而达到自己外出的最终目的，因此客房产品具有以下特点。

（一）价值不能贮存

一般产品都是可以贮存的，如一台电器产品，今天没有卖出，可以贮存起来待来日再出售。但是客房产品的时间性很强，以每晚租金 1000 元的酒店房间为例，如果全天租不出去，那么，这 1000 元的价值就无法实现。也就是说，它的价值具有不可贮存性。实现价值的机会如果在规定的时间内丧失，便一去不复返。所以，业内人士把客房比喻为“易坏性最大的商品”“只有 24 小时寿命的商品”。

（二）所有权不发生转移

客房商品的特殊性，主要表现在它是出租客房和提供服务，而不发生实物转移。客人付出房租获得的仅仅是房间暂时的使用权和居住权，而房间的所有权仍然归酒店。客房的运转过程中，服务人员一方面要尊重客人的使用权和居住权，以设备、供应物品为凭借，通过接待服务，不断地向客人提供使用价值和服务；另一方面又要做好对客房物资用品的保管和使用过程的控制，以达到增收节支的目的。

（三）以“暗”的服务为主

在酒店里，客人看得见的服务为“明”，看不见的服务为“暗”。客房作为客人休息、睡眠的区域，酒店必须为客人创造一个安静的环境；同时客房作为客人的私人领域，客人们是不愿让别人干扰自己的私生活的。客人住店期间，喜欢按自己的习惯安排起居，出于无奈才求助于酒店的服务员。因此，客房服务不能像餐饮服务那样，服务于客人眼前，而是应该注意服务过程的“三轻”，即“说话轻、走路轻、操作轻”。将服务工作做在客人到来之前或不在房内期间，让客人感到酒店处处都在为自己服务，却又看不见服务的场面（即“暗”的服务），如同在自己家里一样方便、称心。

（四）随机性与复杂性

客房业务工作的内容是零星琐碎的，从客房的整理、补充物品、设备维修到客人的进店、离店，都是一些具体琐碎的事务性工作，具有很强的随机性。客人在何时何地，在什么情况下，需要哪些服务，事先都难以掌握；再加上客人来自世界各地，风俗和兴趣爱好不一，从而使客房业务增加了复杂性。客房工作的随机性与复杂性，需要客房部职工既要主动，又要善于揣摩客人心理，进行规范性和个性化相结合的服务。客房服务的好坏，取决于服务人员的素质和经验。

四、客房的种类

客房是酒店的重要设施。酒店要适应不同类型和档次客人的需求，同时要考虑酒店的类型和所处的地理位置，设计和布置相应类型和档次的客房。

（一）单人间（Single Room）

单人间是放一张单人床的客房。单人间又可叫单人房，适于从事商务旅游的单身客人住用，是酒店中最小的客房。为了使客人得到更好的享受，有的酒店在单人房中放置一张小双人床。

酒店单人房间数量一般不多，且常常把面积较小或位置偏僻的房间作为单人房。但由于这种客房的隐私性强，近年来颇受单身旅游者的青睐，不少酒店增加了此类房间的数量，而且在面积和装饰布置的档次上也有所提高，摆脱了传统的单人间仅仅是经济房间的概念。根据酒店客房的不同设施，单人间又可分为无浴室单人间、带淋浴单人间、带浴室单人间三种。

（二）大床间（Double Room）

在房内配备一张双人床（见图 4–3）。这种房间适合夫妻旅游者居住，也适合单身客人居住。

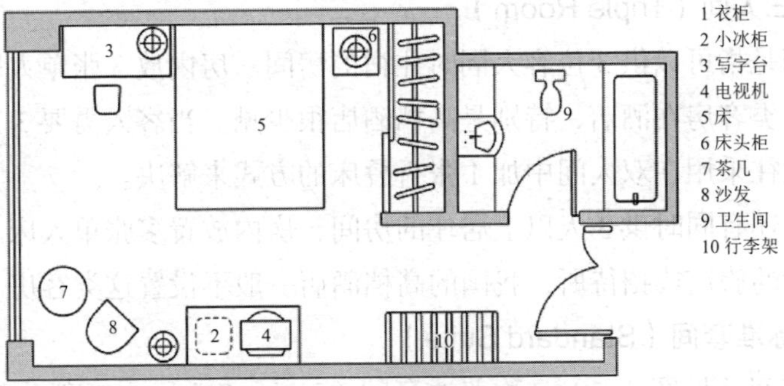

图 4–3　大床间客房平面

（三）双人间（Twin Room）

在房内放两张单人床（见图 4–4），可住两位客人，也可供一人居住。带卫生间的双人间，称为“标准间”（Standard Room），一般用来安排旅游团队或会议客人。这类客房在酒店占绝大多数。为了出租和方便客人，有的酒店配备了单双两便床（Hollywood Bed）。在大床间供不应求时，可将两张单人床合为一张大床，作为大床间出租。

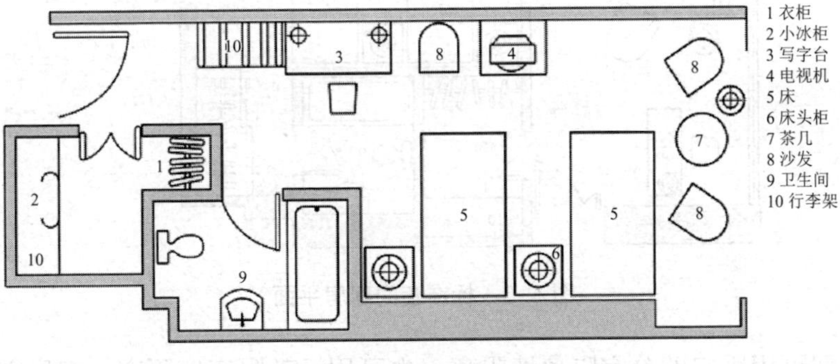

图 4–4　标准间客房平面

国外某些酒店为了显示其规格和经营方式，在双人间中放置两张双人床。这种有两张双人床的客房称为“Double”或“Double Room”，可供两个单身旅行者居住，也可供一对夫妇或一个家庭居住。“Double”或“Double Room”

的面积一般比标准间大。根据卫生间设备条件，双人间又可分为：无浴室双人间、带淋浴双人间、带浴室双人间三种。此外，根据客人要求，客房内可以加床，通常做加床用的是可折叠的活动单人床。

（四）三人间（Triple Room）

三人间是指可以供 3 位客人同时住宿的房间。房内放 3 张单人床，属经济型房间。这类客房在酒店，特别是高档酒店很少见。当客人需要 3 人同住一个房间时，往往采用在双人间中加 1 张折叠床的方式来解决。

此外，还有同时供 3 人以上居住的房间，房内放置多张单人床。此类房间多见于一般的旅馆或招待所，我国的高档酒店一般不设置这类客房。

（五）标准套间（Standard Suite）

标准套间（见图 4–5）又称普通套间（Junior Suite），一般为连通的两个房间：一间为卧室（Bed Room）；另一间为起居室（Living Room），即会客室。卧室中放一张大床或两张单人床，配有卫生间。起居室也可设盥洗室，可不设浴缸，一般供拜访住客的客人使用。

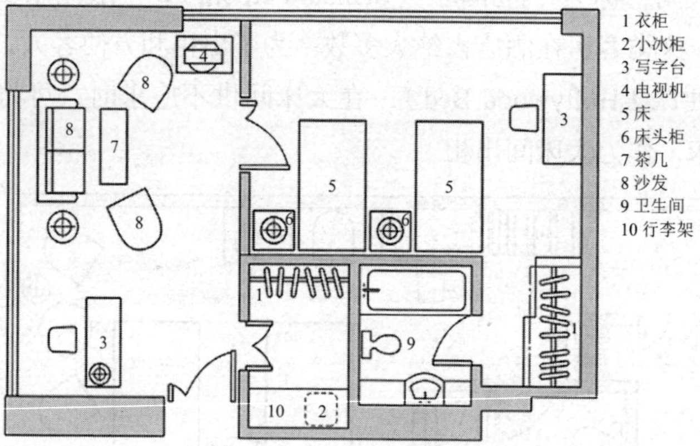

图 4–5 标准套间客房平面

套间可用固定的分室隔离墙隔离，也可用活动隔离墙隔离。起居室在下，卧室在上，两者用楼梯连接的套间称为双层楼间。而连接套房（Connecting Room），即连通房，是指两个独立的双人间，用中间的双扇门相通，一间布置成卧室，另一间布置成起居室，可作为套间出租。需要时，仍可作为两间独立的双人间出租。但这种连通房中间的双扇门上均需安装门锁，关上时应具有密闭的效果和良好的隔音性能。

（六）豪华套间（Deluxe Suite）

豪华套间可以是双套间，也可以是三套间，分为卧室、起居室、餐室或会议室（亦可兼作）。

卧室中配备大号双人床或特大号双人床。室内注重装饰布置和设备用品的华丽高雅。此外，还有由三至五间或更多房间组成的多套间。有两个各带卫生间的卧室，以及会客室、餐厅、书房及厨房等，卧室内设特大号双人床。

（七）总统套间（Presidential Suite）

总统套间简称总统房，一般由七八个房间组成。套间内总统与夫人的卧室分开，男女卫生间分用。总统套间拥有客厅、写字室、娱乐室、会议室、随员室、警卫室、餐室或酒吧间以及厨房等，有的还有室内花园。整个房间装饰布置极为讲究，设备用品富丽豪华，常有名贵的字画、古董、珍玩装点其间。

总统套间一般要三星级以上的酒店才有，它标志着该酒店已具备了接待总统级别的客人的条件和档次。但总统套间并非只有国家元首才能住，一般来说，只要付得起房租，谁都可以入住。

（八）特殊客房（Special Room）

为某一类人特别设计和布置的客房。如专为残疾人服务的客房，该房间内配置有能满足残疾人生活起居一般要求的特殊设备和用品；又如近几年根据不同客人需要，从功能上分又可分为商务客房、办公客房、娱乐客房、健身客房、知识客房、男性客房、女性客房、VIP 客房、医疗客房、家人团聚客房等。各种客房有不同的特点，但又有很强的兼容性。

（九）特色楼层（Special Floor）

在高星级酒店，为面向同类消费客人，利用某些楼层的全部或一部分客房，集中进行设置的楼层叫特色楼层，如商务楼层、行政楼层、女士楼层等。

1. 商务楼层（Business Floor）

商务楼层是为接待商务客人而设置的楼层。楼层上设有专门的商务中心、商务洽谈室、自助餐厅、咖啡厅等，直接在楼层上提供入住至离店等一系列服务，有的还为客人配有秘书和翻译服务，有效提高了商务客人的办公效率，越来越为商务客人所喜爱。

2. 行政楼层（Executive Floor）

行政楼层客房的家具、日用品等都非常高档，室内装饰也极其豪华。住宿客人一般是高级别的行政官员、金融大亨、商业巨子或其他社会名流。行政楼层一般处于酒店最上部的层次，设有专用的大厅（内有休息室、洽谈室、餐厅等），入口处有接待吧台，为客人提供开房、退房、复印、打字、咨询等服务。每间客房的面积一般不小于30平方米，客房内一般都配备可供上网的计算机、传真机、写字台上附设电话机等。在一些酒店，要到行政楼层，必须持有该层的房间钥匙，在电梯里将房间钥匙插入确认口，电梯才能在行政楼层停下来。

3. 女士楼层（Lady's Floor）

女士楼层，是酒店为了方便女性客人，专门向女士开放的楼层。随着单身女性宾客的快速增长，此类客房需求量也越来越大。为了让女性客人住得更有安全感，更加舒适，女士楼层在以下几点给客人以特别关注：

（1）尊重女性客人的隐私权。

（2）提供与女性感性特征相符的室内装饰、设计以及适宜女性需求的家具、日用品等。

（3）提供女性必需的化妆品、服装衣物等。

（4）提供安全警卫服务。

五、客房的功能设计

客房是客人在酒店逗留期间的主要生活场所，这就要求酒店合理地设计客房的布局并配备相应的家具和设备，使客房具备能满足客人生活需要的各种功能。下面以标准间为例说明。

（一）睡眠空间

1. 床

睡眠空间是客房最基本的空间，其中配备的最主要的家具是床。我国星级酒店所用的床都是由床架、床垫和床头软板组合成的。床的质量要求是重量轻、牢度好，弹簧床垫（席梦思）软硬度适宜；床架底部有活动走轮和定向轮，可以方便移动，以及有优美的造型。有的酒店为增加床的美观还专门配置了床裙。

2. 床头柜

床头柜是客房中必不可少的家具之一。床头柜可分为单人用床头柜和两人共用床头柜。现在酒店多采用多功能床头柜，客人能很方便地控制电源开关、电视开关、收听音频、设置“请勿打扰”和“请即打扫”等。在床头柜上往往还放置电话、便纸条和一支削好的铅笔，为客人通信联络提供便利。

（二）盥洗空间

盥洗空间即浴室，又称卫生间。卫生间的设计要注意宽敞、明亮、舒适、安全、方便、实用和通风。卫生间的主要卫生设备有浴缸、便器、洗脸盆三大件。

1. 浴缸

浴缸应配置有标识的冷、热混水龙头，并装有淋浴喷头——既能固定也可手拿。浴缸底部采用光面和毛面相间的防滑结构并配置防滑垫。浴帘杆固定在浴缸上方两头，与缸外沿垂直线齐，与缸上沿平行。浴巾架固定在浴缸水龙头对面的墙上。另外，还有活动的晾衣绳供客人晾衣物用。高星级酒店还配有访客等待按钮及紧急呼救按钮。豪华房间的浴缸内还可安装能产生漩涡的装置，也可在卫生间安装带有小型电动蒸汽发生器的桑拿浴和蒸汽浴装置。

2. 便器

便器分坐式和蹲式两种。一般房间只装坐便器，但高级套房两种都装，并在坐便器旁设有下身冲洗器。

3. 洗脸盆与云台（洗脸台）

洗脸盆一般镶嵌在由大理石面、人造大理石面或塑料板面等铺设而成的云台里，上装冷、热水龙头各一个，还可装有供客人冷饮的凉水龙头一个。在墙面配一面大玻璃镜，大镜面里或大镜面侧装有放大镜，以供客人剃须或化妆使用。为了解决因客人沐浴而使镜面蒙上水蒸气的问题，有的酒店还在镜子的背面装有除水雾装置。

云台上可放置各种梳洗、化妆及卫生用品。在云台侧面墙上，设有国际标准型（扁形和圆形）的 110 伏 /220 伏不间断交流电的电源插座（供客人使用电动剃须刀）。有的酒店还装有吹风机头和电话副机。

此外，卫生间应有通风换气设备，地面还应有泄水的地漏口。

（三）起居空间

起居空间应在标准间的窗前区。这里放置着软座椅、茶几（或小圆桌），供客人休息、会客、观看电视等。此外，还可供客人在此饮茶、吃水果及简便食品。

（四）书写和梳妆空间

标准间的书写与梳妆空间在床的对面，沿墙设置一长条形的多功能柜桌。一般包括行李架、写字台和化妆台、电视机柜（架）。

1. 行李架

所有客房都应设有行李架或行李台。它可以设计成写字台、化妆台的扩充部分或者作为单独的一件家具，能方便客人放下行李箱和拿取衣物。行李架的表面一般都有木条并按一定间距固定在面层，以防止皮箱的金属饰钉损害行李架，同时不能有任何尖锐东西突出，以免损坏客人的皮箱。

2. 写字台和化妆台

客房使用的写字台和化妆台一般为全木制品。标准间的写字台和化妆台可分开配置或兼作两用，并装有抽屉，可放置文具。它的宽度应与其他家具统一，通常为 40~50 厘米，其高度为 70~75 厘米，相应的梳妆凳高度为 43~45 厘米，最小的膝盖净空为 19 厘米。

写字化妆合用台所靠的墙面应设有梳妆镜，梳妆镜的高度应能使客人站在写字台前照全其头部。为了达到好的化妆效果，上方应装有照明灯以提高亮度。

3. 电视机柜（架）

电视机柜（架）是每个房间的必备物品，有木制、金属和金属与木料混合结构三种类型。电视机柜上方放电视机，下方柜内往往是放置各种饮料的小冰箱，即 Mini-bar。

电视机台上配有可转动的 47 厘米或 51 厘米电视机的托盘，一般为圆形或方型，底托的重量越大，其稳定性就越强。

电视机架的高度一般为 45~47 厘米或 65~70 厘米，正好是人坐在沙发或椅子上时其视线低于或平视电视屏幕的高度，以减轻看电视时眼睛的疲劳，起到保护视力的作用。

（五）贮存空间

贮存空间主要是指设在房门进出小过道侧面的壁橱和与其紧靠的小酒柜。

1. 壁橱

壁橱设在客房入口的小过道内侧，便于客人在离开酒店时检查橱内东西是否取完。橱门可以用推拉门，也可用折叠门。壁橱内应有照明灯。采用随门开启而亮的照明灯是节约用电、方便客人的一种举措。有的橱内还设有鞋箱、私人保险箱等。

2. 酒柜

酒柜上层摆放烈性酒、酒具、茶水具以及小吃食品，下层为贮存饮料的小冰箱，以满足客人饮用酒水的需要；同时还可让茶几留出更多的面积，供客人摆放自己的物品。酒柜和小冰箱的设计还有其他的形式。此外，客房内的主要设备还有：

房门安全装置——客房门上装窥视镜（警眼）和安全链（安全环）以及双锁。门后张贴安全指示图，标明客人现在所在的位置及安全通道的方向。

消防装置——房内天花板上设有烟感报警器（烟感）和温感喷淋头（花洒），供报警和自动灭火之用。

空调——中央空调系统或房间空调器，可调节房内的温度和湿度，并有提供新鲜空气的出风口。

酒店标准间客房必须具备以上功能，才能满足客人住宿的基本要求。而套房则是分别用专设的房间来各司其职，或具备某主要功能同时兼顾其他功能，如标准套间是一间作卧室，另一间作为起居室。在五间以上的套房里，可分别各司一主要功能，如卧室、卫生间、起居室、书房、餐室等。

六、客房家具、陈设布置的原则

客房家具选择按照家具的美观和功能性来进行选择。其功能性原则是实用舒适、尺度合理、质地坚实、易于清洁；美观性原则是格调统一、色彩协调、样式美观。

任务 2	看见服务员清扫客房，我放心了

学习目标

* 掌握客房清扫流程。
* 掌握客房整理的基本技能。
* 熟悉中式铺床的技巧。

情景导入

春节期间，丽江各酒店几乎天天都是爆满的入住率，这为各个酒店带来了不错的营业额，也是员工们工作的繁忙季节。这段时间，实习生杰克每天必须完成 18 间住客房的清洁整理工作。在开完班前例会以后，杰克通过查看客房状况登记表得知，5209 号房的客人准备退房，前台要求杰克立刻前去查房，并做清洁打扫。

杰克在接到工作任务后应做好哪些准备工作，在清扫过程中又应如何操作呢？

引导问题：

1. 一件干净、整洁的客房对客人来说意味着什么？

2. 客房服务员查看客房状况登记表后应该怎样确定清扫顺序？

3. 在进行客房清扫前服务员应做哪些准备工作？

4. 接到客人准备退房的通知，客房服务员应该做什么？

5. 您如何判断客人的遗留物品中哪些是客人废弃不要的垃圾？

6. 客房清扫的基本方法是什么？

实践设计：

请根据情景导入提供的信息，以清扫一间客房为主体内容，进行创编并模拟客房清扫的流程。

自我评价：

1. 客房清扫前的工作准备是否全面细致：

□ 是　　□ 有待改进　　□ 不太明确

需要改进的问题是＿＿＿＿＿＿＿＿＿＿。

2. 清扫客房时，能第一时间关注到客房内客用物品是否有被客人带走：

□ 立刻反应　　□ 反应稍慢　　□ 需要主管提醒

3. 进客房敲门方法：

□ 正确　　□ 有待改进

4. 客房清扫方法是否准确：

□ 是　　　　　□ 有待改进　　　□ 不太明确

需要改进的问题是＿＿＿＿＿＿＿＿＿＿＿＿＿＿。

5. 客房清扫顺序是否准确，房间是否遗留下死角：

□ 是　　　　　□ 有差错　　　　□ 需要主管提醒

出差错的原因是＿＿＿＿＿＿＿＿＿＿＿＿＿＿。

通用知识

［客房清扫工作规范］

客房的清洁保养是客房部的主要任务之一。这项工作的基本目标有：一是搞好清洁卫生，即去除尘土、油垢，杀菌消毒，以保持客房清新的环境；二是更换添补客房用品，为客人提供一个舒适、方便的"家"；三是维护保养，满足客人对客房产品质量的要求，延长客房设施设备的使用寿命，增加客房创造的利润。

一、客房清扫的规定

客人一旦进入房间，该客房就应看成是客人的私人空间。因此，任何客房服务员都不得擅自进入客人房间，必须遵守相应的规定。

（一）清扫工作以不干扰客人为准

例行的客房大清扫工作，一般应在客人不在房间时进行；客人在房间时，必须征得客人同意后方可进行，以不干扰客人的活动为准。

（二）养成进房前先思索的习惯

服务员在进房前，要尽量替住客着想，揣摩客人的生活习惯，不要因清洁卫生工作或其他事情干扰了客人的休息和起居。同时，还应想一想，是否还有其他事情要做。例如，客人在房间里用了早餐，去整理房间时，就应想到顺便把托盘带上，以便及时收拾餐具。这样做，既是为客人着想，也减少了不必要的往返路程。

（三）注意房间挂的牌子

凡在门外把手上挂有"请勿打扰"（Don't Disturb）牌子或有反锁标志，以及房间侧面的墙上亮有"请勿打扰"指示灯时，不要敲门进房。如果到了下午 2：00，仍未见客人离开房间，里面也无声音，则可打电话询问；若仍无反应，说明客人可能生重病或发生其他事故，应立即报告主管。

（四）养成进房前先敲门通报的习惯

酒店所有员工都应养成进房前先敲门通报，待客人允许后，再进入房间的习惯。敲门通报、等候客人反应的具体步骤如下：

（1）站在距房门约 1 米远的地方，不要靠门太近。

（2）用食指或中指敲门三下（或按门铃），不要用手拍门或用钥匙敲门。同时敲门应有节奏，以引起房内客人的注意。

（3）等候客人反应约 5 秒钟，同时眼望窥视镜，以利于客人观察。

（4）如果客人无反应，则重复（1）、（2）的程序。

（5）如果仍无反应，将钥匙插入门锁内轻轻转动，用另一只手按住门锁手柄。不要猛烈推门，因为客人可能仍在睡觉，或许门上挂有安全链。

（6）开门后应清楚地通报整理房间，并观察房内情况。如果发现客人正在睡觉，则应马上退出，轻轻将门关上。

（7）敲门后，如果房内客人有应声，则服务员应主动说“整理房间”，待客人允许后，方可进行房间的清扫。

（五）养成开门作业的习惯

在房内作业时，必须将房间打开。如果客人不在房内，应用工作车将房门挡住。

（六）讲究职业道德，尊重客人生活习惯

（1）保持良好的精神状态，吃苦耐劳，保证应有的工作效率。

（2）不得将客用布件作为清洁擦洗的用具。

（3）不得使用或接听住客房内的电话，以免发生误会或引起不必要的麻烦。

（4）不得乱动客人的东西。

（5）不得使用客房内的设备用品，不得在客房内休息。

（6）不能让闲杂人员进入客房。如果客人中途回房，服务员也需礼貌地查验住宿凭证，核实身份。

（7）如果客人在房内，除了必要的招呼和问候外，一般不主动与客人闲谈。客人让座时，应婉言谢绝，不得影响住客的休息和在房内的其他活动。

（8）注意了解客人的习惯和要求，保护客人隐私，满足客人合理要求。

（9）完成工作后即离开客房，不得在客房内滞留。

（10）服务人员只能使用工作电梯。

（七）厉行节约，注意环境保护

（1）尽可能使用有利于环境保护的清洁剂和清洁用品。

（2）在保证客房清洁整理质量的前提下，尽量节约水、电及其他资源。

（3）将废纸、有机废物、金属塑料废物分类处理，回收旧报纸、易拉罐、玻璃瓶和废电池。

（4）清洁保养以保养为首，减少清洁剂对物品的损伤。

二、客房清扫的基本方法

客房清扫的基本方法主要有以下几种。

（一）从上到下

在擦洗卫生间和用抹布擦拭物品（如镜面）的灰尘时，应采取从上到下的方法进行。

（二）从里到外

地毯吸尘和擦拭卫生间的地面时，应采取从里到外的方法进行。

（三）环形清理

即在擦拭和检查卫生间、卧室的设备用品的路线上，应按照从左到右或从右到左，亦即按顺时针或逆时针的路线进行，以避免遗漏死角，并节省体力。

（四）干、湿分开

擦拭不同的家具设备及物品的抹布，应严格区别使用。例如，电器设备、绒面家具、墙纸等只能使用干抹布，以避免发生危险、污染家具或墙面。

（五）先卧室后卫生间

清扫住客房时应先做卧室然后再做卫生间的清洁卫生，这是因为住客房的客人随时有可能回来，甚至带来亲友或访客。先将客房的卧室整理好，客人归来即有了安身之处，卧室外观也整洁，客人当着访客的面也不会尴尬；对服务员来说，这时留下来清理卫生间也不会有干扰之嫌。而在整理走客房时则可先卫生间后卧室，这样可以让弹簧床垫和毛毯等透气，达到保养的目的。

（六）注意墙角

墙角往往是蜘蛛结网和尘土积存之处，也是客人重视的地方，需要留意打扫。

三、走客房清扫的基本要求

对客人刚结账退房的房间进行清扫，称为走客房的清扫，其基本要求如下：

（1）客房服务员接到通知后，应尽快对客房进行彻底清扫，以保证客房的正常出租。

（2）进入房间后，应检查房内是否有客人遗落的物品，房间的设备和家具有无损坏或丢失。如发现以上情况，应立即报告领班，并进行登记。

（3）撤换茶水具，并严格洗涤消毒。

（4）对卫生间各个部位进行严格洗涤消毒。

（5）客房清扫合格后，立即通知总台，即及时通报为OK房，以便总台及时出租。

四、走客房的清扫程序

（一）卧室清扫程序

1. 卧室清扫程序"十字诀"

（1）开。开门、开灯、开空调、开窗帘、开玻璃窗。

（2）清。清理烟灰缸、字纸篓和垃圾（包括地面的大垃圾）。

（3）撤。撤出用过的茶水具、玻璃杯、脏布件。如果有客人用过的餐具也一并撤去。

（4）做。做床。

（5）擦。擦家具设备及用品。从上到下，环形擦拭灰尘。

（6）查。查看家具用品有无损坏，配备物品有无短缺，是否有客人遗落物品，要边擦拭边检查。

（7）添。添补房间客用品、宣传品和经洗涤消毒的茶水具（此项工作后应进行卫生间的清扫整理）。

（8）吸。地毯吸尘由里到外，同时对清扫完毕的卫生间地面吸尘。

（9）关（观）。观察房间清洁整理后的整体效果；关玻璃窗、关纱帘、关空调、关灯、关门。

（10）登。在服务员工作日报表上做好登记。

整个走客房的卧室清扫程序如图 4–6 所示。

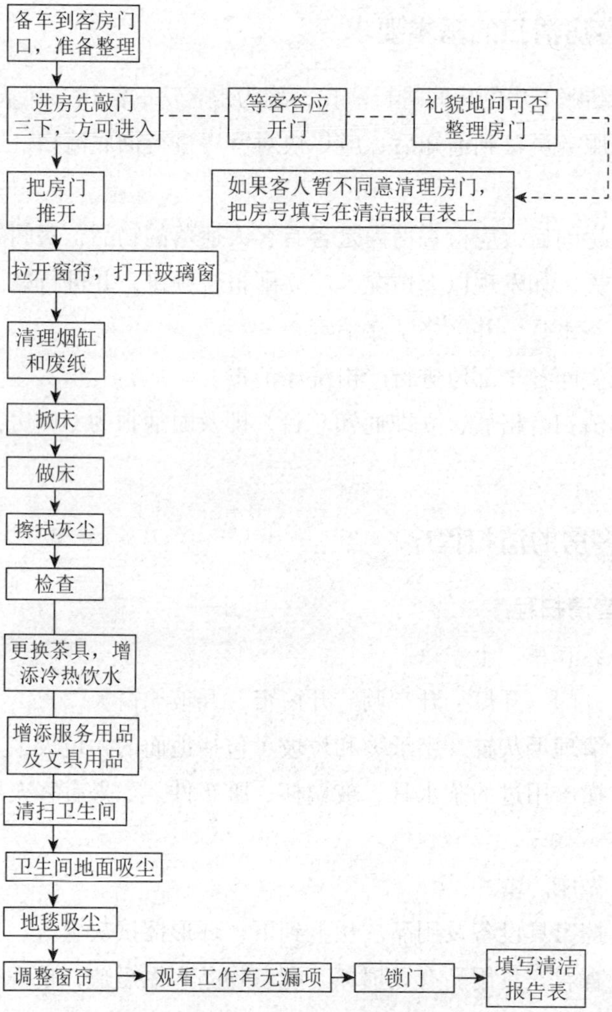

图 4–6 走客房卧室清扫程序

2. 卧室清扫的具体操作规范

（1）按照酒店规定的进入客房的规范开门进房。将房门完全打开（可用顶门器把门支好），直到该房间清扫完毕。开门打扫卫生的意义有三点：

①表示该客房正在清扫。

②防止意外事故的发生。

③有利于房间的通风换气。

（2）检查灯具。将房间里所有的灯具开关打开，检查灯具是否有毛病。检查后随手将灯关上，只留清洁用灯。一旦发现灯泡损坏，立即通知维修人员前来更换。

（3）拉开窗帘、打开玻璃窗。拉开窗帘时应检查帘子有否脱钩和损坏情况。必要时应打开空调，加大通风量，保证室内空气的清新，同时检查空调开关是否正常。

（4）观察室内情况。主要是检查客人是否有遗落物品和房内设备用品有无丢失和损坏，以便及时报告领班。

（5）清理烟灰缸和垃圾。

①将烟灰缸里的烟灰倒入指定的垃圾桶内，在浴室内洗净，用布擦干、擦净。注意不要有未熄灭的烟头，也不能将烟头等脏物倒入便器内，以免便器堵塞。

②收拾桌面和地面的垃圾及尖硬物品，将其放进垃圾桶或纸篓中。

③清理纸篓（垃圾桶）。为了防止火灾，减少火荷载，纸篓一般用不锈钢材料制成。倒纸篓时，可先检查纸篓内有无贵重的东西。若有，则不要倒掉。在清理纸篓时，如发现有电池、刮胡刀片或碎玻璃片等锐利废弃物，应及时单独处理。

（6）撤走房内用餐的桌、盘、杯、碟等。

（7）撤走用过的茶水具、玻璃杯。

（8）撤走用过的床单和枕套，把脏布件放进清洁车内，具体要求如下：

①在撤床单时，要抖动几次，确认里面无衣物或其他物品。

②若发现床单、褥垫等有破损及受污染情况，应立即报告领班。

③注意不要把布件扔在地毯或楼面走道上。

④撤床。

⑤收去脏布件后，带入相应数量的干净布件，放置在椅子上。

（9）铺床。按铺床的程序换上新的床单、枕套。铺床的方法由于各酒店要求不同而多少有些差异，中式铺床程序如表 4–1 所示。

表 4-1 中式铺床程序

主要步骤	注意事项
将床拉到容易操作的位置	屈膝下蹲，用手将床架连床垫慢慢拉出约 50 厘米
将床垫拉正放平	注意褥子的卫生状况
将第一张床单铺在床上（甩单、包边、包角）	1. 床单的正面向上，中折线居床的正中位置 2. 均匀地留出床单四边，使之能包住床垫
套被芯	1. 甩被套。一次定位，被套开口边位于床尾或床侧，中折线居床的正中位置 2. 将被芯四角套入被套四角，四角重合饱满，四边重合饱满
甩被子定位	1. 站在床尾或床侧，甩被子一次定位 2. 被子中线居床的正中位置，两边吊边一致 3. 将被头翻折 45 厘米 4. 整理，被子表面平整光滑
套枕芯	1. 将枕芯装入枕套，四角到位，饱满挺括 2. 注意不要用力拍打枕头 3. 枕头边与床头平行 4. 枕头中线居床的正中位置 5. 枕套沿无折皱，表面平整，自然下垂
将床推回原处	1. 以腿部将床缓缓推进床头板下 2. 检查床是否铺得整齐美观

（10）擦拭灰尘，检查设备。从房门开始，按环形路线依次把房间各种家具、用品抹干净，不漏擦。在除尘中注意需要补充的客用品和宣传品数量，同时检查设备是否正常，并注意擦拭墙脚线，擦拭顺序如下。

①房门。房门应从上到下、由内而外抹净；把窥视镜、防火通道图擦干净；看门锁是否灵活；“请勿打扰”牌、“早餐”牌有无污迹。

②风口和走廊灯。风口和走廊灯一般定期擦拭。擦走廊灯时应注意使用干抹布。

③壁柜。擦拭壁柜要仔细，要把整个壁柜擦净。抹净衣架、挂衣棍，检查衣架、衣刷和鞋拔子是否齐全。

④酒柜。仔细擦净整个酒柜。

⑤行李架（柜）。擦净行李架（柜）内外，包括挡板。

⑥写字、化妆台。

A. 擦拭写字台抽屉，应逐个拉开擦。如果抽屉仅有浮尘，则可用干抹布

“干擦”。同时检查洗衣袋、洗衣单及礼品袋（手拎袋）有无短缺。

B. 从上到下擦净镜框、台面、梳妆凳，注意对桌脚和凳腿的擦拭。可用半湿抹布除尘。

C. 擦拭梳妆镜面要用一块湿润的和一块干的抹布。操作时要小心和注意安全。擦拭完毕，站在镜子侧面检查，镜面不得有布毛、手印和灰尘等。

D. 擦拭台灯和镜灯时，应用干布，切勿用湿布抹尘。如果台灯线露在写字台外围，要将其收好，尽量隐蔽起来。灯罩接缝朝墙。

E. 写字台上如有台历，则需每天翻面。

F. 检查写字台物品及服务夹内物品，如有短缺或破旧，应添补或调换。

⑦电视机。用干抹布擦净电视机外壳和底座的灰尘，然后打开开关，检查电视机有无图像，频道选用是否准确，颜色是否适度。

⑧地灯。用干抹布抹净灯泡、灯罩和灯架。注意收拾好电线，将灯罩接缝朝墙。

⑨窗台。先用湿抹布，然后再用干抹布擦拭干净。推拉式玻璃窗的滑槽如有沙粒，可用刷子加以清除。最后将玻璃窗和窗帘左右拉动一遍。

⑩沙发、茶几。擦拭沙发时，可用干抹布掸去灰尘，注意经常清理沙发背后与沙发垫缝隙之间的脏物。先用湿抹布擦去茶几上的污迹，然后用干抹布擦干净，保持茶几的光洁度。

A. 床头挡板。用干抹布擦拭床头灯泡、灯罩、灯架和床头挡板，切忌用湿抹布擦拭。

B. 床头柜。

a. 检查床头柜各种开关，如有故障，立即通知维修。

b. 调整好床头柜的电子钟。

c. 擦拭电话机时，首先用耳朵听有无忙音，然后用湿抹布抹去话筒灰尘及污垢，用医用酒精棉球擦拭话机。

d. 检查放在床头柜的服务用品是否齐全，是否有污迹或被客人用过。

C. 装饰画。先用湿抹布擦拭画框，然后再用干抹布擦拭画面，摆正挂画。如果服务员身高不够，需要借助他物以增高，应注意垫一层干净的抹布或脱鞋操作，防止弄脏他物。

D. 空调开关。用干抹布擦去空调开关上的灰尘。

（11）按酒店规定的数量和摆放规格添补客用品和宣传品。

①用干净的托盘将已消毒的茶水具、玻璃杯等用具托至房间中。

②更换添补的物品均应无水迹和脏迹。

（12）清洁卫生间。按卫生间的清扫程序操作。

（13）吸尘。吸尘按地毯表层毛的倾倒方向进行，由里到外；梳妆凳、沙发下，窗帘后、门后均要吸到；拉好纱帘，关好玻璃窗，调整好家具摆件。用吸尘器吸干净卫生间地面残留的尘埃。

（14）服务员离开客房之前要自我检查和回顾一遍，看是否有漏项，家具摆放是否正确，床是否美观，窗帘是否拉到位等，如有漏项应及时补做。

（15）关掉空调和所有灯具，然后将房门锁好。

（16）记客房清洁整理情况。每间客房清扫完成后，要认真填写清扫进出客房的时间，所用布件、服务用品、文具用品的使用和补充情况，以及需要维修的项目和特别工作等。

五、卫生间清扫程序

卫生间是酒店等级水平的重要设施和标志之一，既要清洁美观，又必须符合卫生标准。其清扫顺序如图 4-7 所示。

（一）卫生间清扫“十字诀”

（1）开。开灯、开换气扇。

（2）冲。放水冲马桶，滴入清洁剂。

（3）收。收走客人用过的毛巾、洗浴用品和垃圾。

（4）洗。清洁浴缸、墙面、脸盆和抽水马桶。

（5）擦。擦干卫生间所有设备和墙面。

（6）消。对卫生间各个部位进行消毒。

（7）添。添补卫生间的棉织品和消耗品。

（8）刷。刷洗卫生间地面。

（9）吸。用吸尘器对地面吸尘。

（10）关（观）。观察和检查卫生间工作无误后即关灯并把门虚掩。将待修项目记下来上报。

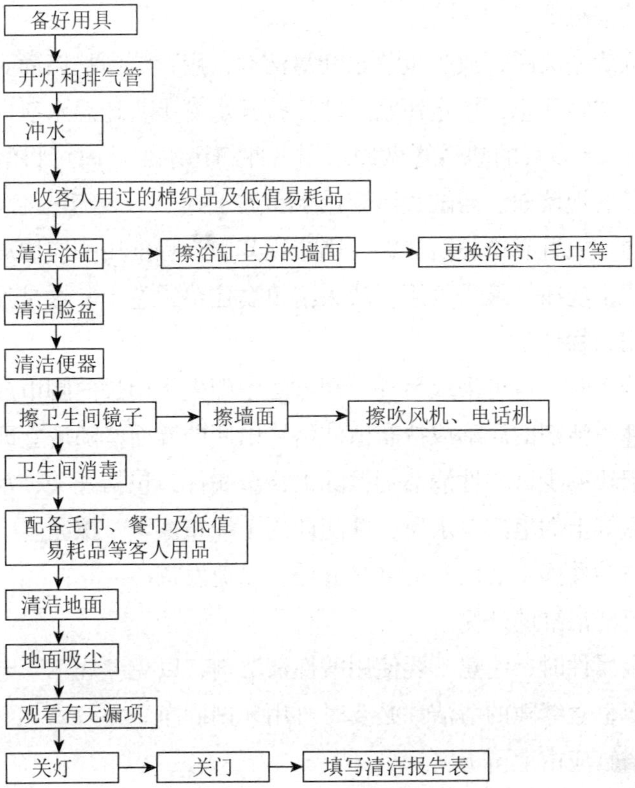

图 4–7　卫生间清扫顺序

（二）卫生间清扫的具体操作规范

（1）开亮浴室的灯，打开换气扇。将清洁工具盒放进卫生间。有的酒店还在卫生间入口放上一块毛毡，防止将卫生间的水带入卧室。

（2）放水冲净马桶，然后在抽水马桶的清水中倒入酒店规定数量的马桶清洁剂。注意不要将清洁剂直接倒在釉面上，否则会损伤抽水马桶的釉面。马桶清洁剂要浸泡数分钟后方能发挥效用。

（3）取走用过的“五巾”放入清洁车上的布袋中（可留下一大浴巾和脚巾，以备后用）。

（4）收走卫生间用过的消耗品，清理纸篓垃圾。

（5）将烟灰倒入指定的垃圾桶内。烟灰缸上如有污迹，可用海绵块蘸少许清洁剂去除（烟灰缸的清理也可与卧室烟灰缸一并进行）。

（6）清洁浴缸。

①将浴缸旋塞关闭，放少量热水和清洁剂，用百洁布从墙面到浴缸里外彻底清刷；开启浴缸活塞，放走污水，然后打开水龙头，让温水射向墙壁及浴缸（可配备一条1米多长的塑料管做冲水用）冲净污水，此时可将浴帘放入浴缸加以清洁；最后把墙面、浴缸、浴帘用干布擦干。

②浴缸内如放置有橡胶防滑垫，则应视其脏污程度用相应浓度的清洁剂刷洗，然后用清水洗净，最后可用一块大浴巾裹住垫子卷干，这是唯一允许将客用品做清洁用的物件。

③擦洗墙面时，也可采取另外一种方法，即先将用过的脚巾放入浴缸，然后用蘸上中性清洁剂的海绵或抹布清洁浴缸内侧的墙面，随后立即抹干。

④用海绵块蘸少许中性清洁剂擦除镀铬金属件，包括开关、水龙头、浴帘杆、晾衣绳盒等上的皂垢、水斑，并随即用干抹布擦干、擦亮。

⑤注意清洁并擦干墙面与浴缸接缝处，以免发霉。

⑥注意清洁浴缸的外侧。

⑦清洁金属件时，注意不要使用酸性清洁剂，以免“烧坏”电镀表层。

⑧留意对皂盒缝隙的清洁，必要时可用牙刷刷净。

⑨清洁浴缸应由上至下。

（7）清洁脸盆和化妆台（云台）。

①用百洁布蘸上清洁剂将台面、脸盆清洁，然后用清水刷净，用布擦干。

②用海绵块蘸少许中性清洁剂擦除脸盆不锈钢件的皂垢、水斑，然后用干布擦干、擦亮。

（8）注意将毛巾架、浴巾架、卫生间服务用品的托盘、吹风机、电话副机、卫生纸架等擦净，并检查是否有故障。

（9）擦干镜面。可在镜面上喷少许玻璃清洁剂，然后用干抹布擦亮。

（10）清洁马桶。

①用马桶刷清洁马桶内部并用清水冲净，要注意对抽水马桶的出水孔和入水孔的清刷。

②用中性清洁剂清洁抽水马桶水箱、座沿盖子的内外及外侧底座等。

③用专用的干布将抽水马桶擦干。

④浴缸、马桶的干、湿抹布应严格区别使用，禁止用“五巾”做抹布。

（11）对卫生间各个部位消毒。卫生间消毒的方法有多种，无论选用哪种方法，都必须对卫生间进行严格消毒。

①客人退房后，服务员的第一项工作就是对卫生间进行消毒：用 2%~3% 浓度的来苏水液擦拭消毒。用 84 消毒液进行擦拭消毒。消毒完毕，要紧闭门窗约 2 小时，然后进行房间通风。

显然，这种方法只适合于酒店的淡季或搞计划卫生的时候。

②擦拭完卫生间卫生洁具后，将含有溶剂的消毒剂装在高压喷罐中，进行喷洒消毒。

③在清洁剂中加入适量的消毒剂，或者采用杀菌去污剂，以达到清洁消毒的双重目的。此种方法操作比较简便，但消毒剂的腐蚀性和有毒性会对人体造成损害，故必须小心使用并注意防护。最后还必须清洁和擦干所有痕迹和残留的余渣，以免损伤客人的肌肤。

（12）补充卫生间的用品。按规定的位置摆放好“五巾”和浴皂、香皂、牙具、浴帽、浴液、洗发液、梳子、香巾纸（面纸）、卫生卷纸及卫生袋等日用品。走客房的客用品必须全部更新，为下一位客人提供全新的住宿条件。

（13）把浴帘拉好，一般拉出 1/3 即可。

（14）清洁脸盆下的排水管。

（15）从里到外边退边抹净地面。如有必要，可用百洁布和一定比例的清洁剂清刷，用净水冲洗，特别注意对地漏处的清刷。最后擦干地面。

（16）吸尘。以保证卫生间不留一丝线头、毛发和残渣。

（17）环视卫生间和房间，检查是否有漏项和不符合规范的地方。然后带走所有的清洁工具，将卫生间门半虚掩，关上浴室灯。

（三）清洁卫生间注意事项

（1）清洁卫生间时必须注意不同项目使用不同的清洁工具和清洁剂，绝不能一张抹布抹到底。

（2）卫生间的清洁卫生一定要做到：整洁、干燥、无异味、无毛发、无污迹、无皂迹和无水迹。

（3）对于浴缸的旋塞，必要时可以取出来清洁。清洁时，需彻底冲洗滤网。重新安上旋塞时，要拧紧。清洁脸盆活塞也应如此。

（4）可在卫生间的金属制品上涂上一层薄蜡，以免因脏水溅污而产生锈斑。

（5）清洁卫生间必须配备合适的清洁工具和清洁用品。要了解如何使用清洁剂和消毒剂，以便有效地进行清洁工作。

说课：中式铺床（上） 评课：中式铺床（上） 说课：中式铺床（下1） 说课：中式铺床（下2） 评课：中式铺床（下）

项目二 打造一个舒心、安心的家

任务 1	客房安全防范与管理

学习目标

* 了解客房安全的重要性。
* 熟悉客房部安全管理的内容。
* 熟练掌握客房消防设备的使用方法。
* 了解客房部突发事件的预防措施。

情景导入

王先生入住某酒店；晚上休息之前想洗澡，由于浴室内温度较低，客人感到冷，便马上冲洗起来，片刻水温突然变得滚烫，结果把客人皮肤烫伤了一块。客人穿着浴衣就急匆匆地来到大堂找经理投诉，为了平息客人的怒气，经理陪着客人回到客房查看了浴室的淋浴设备，表示了歉意，迅速请酒店医生帮客人检查伤势，并保证立刻找工程部的人来维修。客人感到酒店经理的诚意，表示不愿再深究此事，但这件事给酒店的声誉带来了不好的影响。

引导问题：

1. 什么是酒店安全？

2. 酒店安全工作的重要性是什么？

3. 酒店客房安全管理的任务有哪些？

4. 酒店里的不安全因素有哪些？参观一家酒店后请列举一些实例。

5. 预防安全隐患有哪些举措？

实践设计：

一天深夜，客房部服务员杰克在楼层巡视时忽然闻到一股煳味，他意识到大事不好，果然一会儿就听见楼层的温感报警器警铃大响，不一会儿就看见许多客人慌乱、狼狈地从客房跑出来。请根据情景分析并实地调查客房可能发生火灾的原因以及如何带领客人安全逃生。

自我评价：

1. 分析客房可能发生火灾的原因：

□正确　　　　□错误　　　　□有待改进

2. 引领客人逃生时选择逃生路线：

□ 正确　　　　□ 错误

3. 发现火情所采取的处理方法：

□正确　　　　□错误　　　　□有待改进

4. 遇见突发情况的处理办法：

□ 细致规范　　　□ 有待改进

需要改进的问题是 ______________________。

通用知识

[**保障客房安全**]

客房是酒店出售的主要满足客人休息、睡眠需要的产品。清洁、舒适、方便、安全这四个方面既是酒店经营者追求的目标，也是消费者选择、衡量酒店的最基本要求。客人外出考虑的主要问题是安全，客房的安全状况是客房商品的重要组成部分。

一、酒店安全工作的重要性

酒店的安全工作是酒店所有工作中最重要的内容之一，酒店安全工作的好坏不仅直接关系到酒店的正常经营，也直接关系到酒店的经济效益，绝不能轻视。

（一）安全工作的好坏直接关系到客人的满意程度

如果一家酒店的安全措施和制度残缺不全或形同虚设、监督不力，致使酒店的治安秩序混乱，偷窃案件屡屡发生，火灾及受伤事件连续不断，客人的生命和财产没有保障，这样的酒店会给客人满意的感受吗？会有客人愿意入住吗？显然是不可能的。

如果一家酒店的客人住了几天以后，对服务和设施赞不绝口，但就在他要离开的那一天，在卫生间里摔了一跤，这位客人对酒店原有的好印象将一扫而光，留下的只是遗憾和不满。

（二）安全工作的好坏直接关系到酒店的经济效益

酒店安全工作所造成的损失，不仅表现为直接的经济损失，如发生火灾、洗涤事故的财产损失、赔偿费的支出等，而且更主要地表现为一种声誉的损失，即酒店形象的破坏。国外许多客人和旅行社都把安全系数高低作为选择酒店的主要因素，有些旅行社甚至还要专门派人考察酒店的安全系统。

（三）安全工作的好坏直接关系到员工的工作积极性

一家酒店各种防范和保护措施不力，工伤事故不断，导致员工健康状况不佳，就很难使员工积极而有效地工作。安全事故不仅给当事人带来了痛苦和灾难，而且导致员工士气低落，企业形象受损，损失是难以估量的，其造成的间接损失等于直接损失的数倍。

二、客房安全管理的任务

酒店安全是指酒店、住店客人、本店员工的人身和财产等权益在酒店所控制的范围内，没有危险，也没有其他因素导致危险的发生，从而使客人得到心理上的愉悦。客房安全管理的主要内容有以下三个方面。

（一）保证客人安全

（1）保证客人的人身安全。客房部应加强设备设施、员工操作等各方面管理，确保客人的人身不受任何损害。

（2）保证客人的财物安全。客房部应采取各种措施，保证客人的财物没有任何损失。住客常见的财务损失包括：洗澡滑倒摔碎玉镯，行李、现金、电脑遭窃损，酒店电脑病毒导致客人手机损坏，客人衣物遭洗坏等。

（3）保证客人的心理安全。客房部应有安全、卫生、方便、舒适的客房环境，使住店客人在消费构成过程中产生心理上的放心、从容、愉悦的感受。在此方面常见的投诉有：客房失火惊吓；电梯故障惊吓；住客被服务员或外来人员打扰；床上、卫生间发现前住店客人遗留下的毛发；客人未离店，在房内时房门却被服务员打开；叫醒服务不准确以致客人误点等。

（二）保证员工安全

（1）保证员工人身安全。通过加强培训、现场督导、设备维护、防护措施等方法保证员工不出工伤事故。常见的工伤事故包括：清洁设备故障导致电击、割伤，清洁剂使用不当伤害，清洁过程中的摔倒，家具尖刺刺伤，与住店客人发生冲突伤害等。

（2）保证员工财产安全。例如更衣室、工作间的管理不当，致使员工财物遗失或损坏。

（3）保证员工心理安全。例如对客服务中与不同类型客人的交往，避免客人的诱导和伤害。

（三）保证酒店安全

（1）保证酒店财产安全，尤其是防火、防盗，防止设备用品被破坏。

（2）保证经营秩序正常，防止敲诈、打闹，防止流氓、精神不正常者进入客房区域。

（3）尽量减少影响饭店形象的负面事件。

三、安全管理的措施

安全管理的目的，就是要消除不安全因素，消除事故的隐患，保障客人、员工、酒店各种权益。不安全因素主要来自主观、客观两个方面，主观上是思想上的麻痹，违反安全操作规程及管理混乱；客观上是客房内的大量客用品及装饰材料都属易燃物质，客人多，流动性大，加上以“暗”的服务为主，顾客的隐私度高等，在安全上有其致命的弱点。针对上述情况，在加强酒店安全管理时应从以下几个方面入手：

（1）加强对员工的安全知识培训，克服主观麻痹思想，强化安全意识。

（2）加强安全生产标准化建设，建立安全生产标准化管理体系。

（3）加大安全投入，提高安全设备科技水平。

（4）保持客房区域的安全有序，保证安全设备处于最佳运行状态。

四、预防安全隐患的措施

（一）成立安全领导组织

在安全事故、突发事件发生时代表酒店进行全责处理；对日常的安全管理进行监管，对可能诱发突发事件的“星星之火”及时进行排除；在突发事件时代表酒店对相关主体进行直接的接触和沟通，从而制订最优的处理方案。

（二）配备齐全的安全设备

安全设施设备是指一切能够预防、发现违法犯罪活动，保障客人和酒店、员工安全的技术装备。有监控系统、安全报警系统、火灾报警系统、喷淋系统和消防系统等。

1. 监控系统

对建立客房服务中心的酒店来讲，监控系统是必备的设施设备。安装摄像头，监视相关场所的活动状况，从中发现可疑人物或不正常现象，以便及时采取措施。其电视监控系统的摄像镜头主要分布在：大堂、客用电梯、楼层过道、公共娱乐场所、贵重财物集中场所、消防通道等。应注意防止不法分子用胶布或其他手段封住摄像头。

2. 安全报警系统

酒店的一些重要部位，为防盗窃、抢劫、爆炸，必须安装安全报警装置，并将这些安全设备联结成网络系统。常用的报警器种类有微波报警器、被动红外线报警器、主动红外线报警器、开关报警器、超声波报警器等。主要设置在收存钱款部位、贵重物品和财物集中部位和消防通道。

3. 火灾报警系统

（1）手动报警器。手动报警器一般安装在每层楼的进口处，有楼层服务台的酒店则设在服务台附近的墙面上。当有人发现附近有火灾时，可以立即打开玻璃压盖或打碎玻璃使触点弹出，进行报警。另外，还有一种手压报警器，只要按下按钮，即可报警。

（2）烟感器。酒店常用的烟感器有两种：电离压力计烟感自动报警器和光电管烟感自动报警器。烟感器常用于客房楼层的报警。

（3）热感器。当火灾的温度上升到热感器的动作温度时，热感器的一个弹片便自动脱落造成回路，引起报警。

4. 喷淋系统

喷水灭火系统中最常见的是客房花洒自动喷水系统。

（1）当室内温度达到花洒的启动温度（一般可选择启动温度为57.2℃~79.4℃）时，便引起花洒器内水银球的剧烈膨胀以至爆裂，被球支撑的密封喷水口开放，水便喷到溅水盘上形成均匀洒水。

（2）洒水面积一般为10平方米左右。

（3）总控制室显示板上显示喷洒区域并同时报警。

（4）喷洒泵自动启动补水。

5. 消防系统

除了温感或烟感报警装置、自动喷水装置外，客房区域还应该有安装消防栓的消防柜和便携式灭火器。

6. 门锁系统

钥匙系统是酒店最基本的安全设备。沿用了多年的金属和塑料门锁由于易损、易失窃和易仿造等缺陷，目前，越来越多的酒店采用了可编程电子钥卡系统，并与酒店其他系统协作或联网，例如如果与能源管理系统联网，则客人在开门的同时，即可开通室内空调、照明等系统；如果与电视、电话等系统连接起来，服务人员就不能在客房内随意打电话，也不可以收看客人付费的电视节目。还可将门锁系统与酒店物业管理系统相连，这时客人的磁卡在酒店中就如同信用卡一样，可以进行从入住登记到结账期间所有消费的结算。

7. 通信系统

通过对讲机等无线电通信器材而形成的联络网络，使酒店的安全工作具有快速反应能力，对保障酒店的安全起着十分重要的作用。

8. 信息告示系统

（1）酒店可以在大堂、楼梯间、各楼层、会议厅等各处放置等离子显示器、液晶显示器，可以播放酒店介绍、餐厅介绍、当地旅游、会议信息、旅游导向、景点宣传、贵宾欢迎、世界时刻等信息，而且支持不同的地点展示不同的信息，可以随时播放提醒客人的安全警示，关键时刻还可发挥指挥作用，且能提升酒店的形象和档次。

（2）客房内均要有安全逃生指示图。

（3）服务指南里均要有安全提示和住客注意事项提示。告诉客人如何安全使用客房内的设备与装置、专门用于安全的装置的作用、出现紧急情况时所用的联络电话号码及应采取的行动。

（4）广播系统能在发生紧急情况时起到指挥和疏散作用。

9. 客房配备火灾逃生面罩（呼吸器）

（1）消防过滤式自救呼吸器就是一种保护人体呼吸器官不受外界有毒气体伤害的专用呼吸器，它利用滤毒罐内的药剂、滤烟元件，将火场空气中的有毒成分过滤掉，使之变为较为清洁的空气，供逃生者呼吸用。与之相搭配的是应急手电筒。

（2）对全体员工进行专题培训，详细介绍产品使用方法、注意事项，确保每一名工作人员都能熟练使用逃生面具，并且要求客服人员在旅客入住时，向客人详细介绍逃生面具使用方法，以防万一。

（三）配备齐全完好的客房设备

（1）为防止外来的侵扰，客房门上的安全装置是重要的，其中包括能双锁的锁装置、安全链及广角的窥视警眼。

（2）客房内的各种电气设备都应保证安全。

（3）卫生间的地面及浴缸都应有防止客人滑倒的措施。

（4）客房内的茶具及卫生间内提供的漱口杯及水杯、热水器等都应及时、完好无破损、切实消毒。如卫生间的自来水达到直接饮用标准，应在水龙头上标上“饮用水”的标记。

（5）平时还应定期检查家具，尤其是床与椅子的牢固程度，使客人免遭伤害。

（四）健全各种安全管理制度

1. 员工通道的管理

（1）员工上下班或因其他原因进出酒店时，必须走指定的员工通道。主动打开包裹接受保安检查。未经许可不准穿着工作服离开酒店。

（2）员工不得携带随身物品以外的物品进店，不得携带未经登记的物品出店，特殊情况需要签字，保安凭出门条放行。

（3）凡已脱离本店的员工由人事部通知安全部，不得再以本酒店员工的身份进店。

2. 电梯使用的管理

（1）所有穿制服的员工在上班时都要使用员工电梯，经过授权的人员除外。

（2）不要长时间开启电梯门，以免电梯失去控制。电梯行进过程中，不要将身体倚在电梯门上。尽量避免拥挤，不要在电梯内打闹，以免产生震动发生危险。

（3）如果电梯门打不开，不要用手扒电梯门，应按动电梯内的呼叫按钮，耐心等待救援人员到来。不要无故按动呼叫按钮，以免造成不必要的恐慌。

3. 员工更衣室的管理

（1）更衣柜内不能存放酒店物品。

（2）员工个人的贵重物品（手表、首饰）、现金不要存放在更衣柜内。员工之间不准私自更换更衣柜。员工不准私自配制、更换更衣柜的钥匙和锁具。

（3）如钥匙丢失需要撬更衣柜，须经安全部同意，并由工程部实施。如忘带更衣柜钥匙，应借领，借领应履行登记手续。

（4）所有员工的更衣柜都会被定期或不定期检查，检查不针对某个人，也不会针对某个部门。

4. 钥匙的管理

（1）工作钥匙管理。

①未经允许员工不准私自动用酒店的通用钥匙（包括全通用和区域通用）。

②领取通用钥匙仅限本人使用，不能将钥匙转借他人。必须严格执行钥匙的收发制度。

③由个人保管的酒店钥匙（包括办公室、仓库、重要场所），未经允许不准带出酒店。

④钥匙要随身携带或按规定存入固定位置，并按要求登记，不准随便放置以免丢失。

⑤钥匙损坏需要更换时，必须申报安全部，不准私配钥匙。如果钥匙丢失，同样要马上上报安全部或部门经理，尽快采取补救措施（换锁）。

⑥员工辞职或调离，要将所保管的钥匙全部上交。报废钥匙要交由安全部统一处理。

（2）客用钥匙管理。

①由总台负责管理和控制。

②客房服务员未接到房务中心通知，不得给陌生人开启房门。若有访客，需严格按访客接待程序处理。

③如客人已退房而将客房钥匙留在客房内，房务员应将客房钥匙交给领班。

5. 捡拾物品的处理

（1）客人离店后遗忘在客房的物品，应交由客房部保存，并尽可能与失主取得联系。

（2）在公共区域捡拾的物品应交由所属部门的主管收存，如当班期间失主未来认领，应交客房部失物招领处收存。

（3）凡捡拾物品均不得由个人擅自处理，捡拾不交的要视情节追究其责任，在收存、保管、检查、移交过程中丢失、损坏，要追究经办人的责任。

6. 会客制度

（1）在工作时间原则上不允许会见亲朋好友（特别是楼层工作区），遇有特殊情况需批准。

（2）严禁在工作区将物品交由亲友带出酒店。

7. 重点部位、公共设施的管理

（1）员工未经许可不准进入重要区域。包括：电脑房、财务室、配电室、电话机房、空调机房、监控中心、行李处、贵重物品保管室等。

（2）不准私自动用照明，配电设施。发现有损坏的电线、插座应立即向工程部汇报，不准私改线路，私接插座。

（3）严禁随意起动报警设备、消防设备。

（4）杂物要放在指定场所，所有出口、楼梯在任何时候都要保持干净。

（5）不许用电话聊天。

（6）必须熟悉紧急出口及消防通道的位置和路线。

8. 与客人接触的相关事宜

（1）酒店没有必要接待所有的客人，对于形迹可疑或黑名单上的客人要礼貌、委婉地给予谢绝。

（2）对酒醉的客人，不能使用过激的语言，避免刺激客人，使事态扩大。

（3）发现形迹可疑的客人，同样要有礼貌地进行询问，并观察其行踪，并及时通知安全部。在未确定其不法行为之前，千万不要妄下结论，不能使用猜测性甚至攻击性的语言。

（4）对闹事的客人，要礼貌地进行解释，并通知主管或经理来解决，要避免与客人发生争吵，更不准发生身体接触。

（5）如果客人之间发生冲突，要尽量控制事态的发展，保证酒店的设置不受损害，并及时通知安全部。

（6）清洁保养和对客服务过程中，除必要的招呼外，一般不与客人主动交谈，且必须开门作业。

9. 与外界接触、联系的相关事宜

（1）对酒店问题，员工未经许可不得擅自与新闻媒体接触，不准提供任何与酒店和客人有关的信息，让他们找管理层。因为这关系到酒店的形象及声誉。

（2）不准向外界透露有关酒店的商业信息和重要资料。

（3）无论发生什么情况，都不准擅自和 110、119、120 等紧急服务联系，安全部经理和主管是唯一可以联系他们的人员。

10. 清洁器具药品的使用要求

（1）必须熟知清洁器具和清洁剂的使用方法、适用对象和防护方法才能操作。

（2）清洁保养、对客服务中的各种器具的使用、维护必须遵循操作规程，严禁带病作业。

（3）清洁剂、消毒剂必须确保使用者和清洁保养对象都安全的情况下操作，稀释并使用喷瓶。

（4）穿规定防护服装，戴防护手套，着规定鞋袜。

（5）各种器具和药品必须定点、专人管理。

（五）提高酒店管理人员和员工对突发事件的应急处理意识和能力

（1）员工应急处理能力的提高往往会大大降低突发事件的发生频率。可以直接对存在的隐患加以排除，抑或通过向上级领导反映，可以有效地控制和预防突发事件的发生。

（2）培养员工的应急技能。对异常的事件具有观察、警惕的安全防范意识。

（3）学会消防安全知识和实战性的灭火操作，积极配合酒店的突发事件处理，有效地应对和预防突发事件，减少对酒店造成的损失。

（六）通过沟通与合作提高安全管理的效率

（1）保持与新闻媒体的良好沟通，可以有效地避免一些不利的舆论影响，同时也可以通过这个平台树立酒店的良好外部形象，在遇到比较棘手的突发事件时可以对酒店的突发事件做正面的评价，消除大众和客人的心理影响，有利于提高酒店处理突发事件的透明度和保持与公众的良好沟通。

（2）加强与安全、消防、医院、公安机关等部门的合作与交流，包括帮助酒店搞好员工的安全培训、消防培训，定期举办针对突发事件的安全、救护和消防演练；同时在酒店的突发事件的处理过程中，很多时候都是由这些部门直接参与，因此非常有必要建立良好的交流和沟通的渠道，有利于酒店在处理突发事件中争取到更多的处理时间和最优解决方案的制订、选择。

五、消防安全知识

火灾时时刻刻对酒店构成巨大的威胁。它不仅直接威胁店内人员的生命安全和酒店的建筑物和财产安全，而且会破坏酒店的声誉。客房内布草多，装修的材料也多是由易燃物质构成，所在区域的位置一般处在酒店的高楼层，人员多，扑救和疏散人员都较困难。作为酒店员工，必须做到“四懂四会”。“四懂”：懂得岗位火灾的危险性；懂得预防火灾的措施；懂得扑救火灾的方法；懂得逃生疏散的方法。“四会”：会使用消防器材；会报火警；会扑救初起火灾；会组织疏散逃生。

（一）火灾分类

国家标准（GB/T 4968—2008）根据可燃物的类型和燃烧特性，将火灾分为 A、B、C、D、E、F 六类（见表 4–2）。

表 4–2 火灾类型

火灾类型	可燃物类型	举例
A 类火灾	固体物质火灾。物质通常具有有机物质性质，一般在燃烧时能产生灼热的余烬	木材、煤、棉、毛、麻、纸张等火灾
B 类火灾	液体或可熔化的固体物质火灾	煤油、柴油、原油、甲醇、乙醇、沥青、石蜡等火灾
C 类火灾	气体火灾	煤气、天然气、甲烷、乙烷、丙烷、氢气等火灾
D 类火灾	金属火灾	钾、钠、镁、铝镁合金等火灾
E 类火灾	带电火灾	物体带电燃烧的火灾
F 类火灾	烹饪器具内的烹饪物火灾	动植物油脂着火

（二）灭火的原理与方法

燃烧的产生必须同时具备三个条件，即可燃物、助燃物和着火源。

可燃物：凡能与空气中的氧气或其他氧化剂起剧烈反应的物质叫作可燃物质。例如固体中的木柴、干草、棉花、纸张、布匹、地毯等；液体中的汽油、柴油、煤油、酒精等；气体中的氢气、煤气、液化石油气、电石气等。

助燃物：凡是能够帮助和支持燃烧，起氧化作用的物质都叫助燃物。例如氧气、氢气、高锰酸钾、氯酸钾等。

着火源：凡是能引起可燃物质燃烧的热能源，都叫着火源。例如火柴和打火机的火焰、烟蒂火、油灯火、蜡烛火、炉火、电线短路打火等以及化学能、聚集的日光等。

（三）灭火的基本方法

灭火就是为了破坏已形成的燃烧条件，灭火的基本方法有四种。

1. 隔离法

隔离法就是将正在燃烧的物质与未燃烧的物质隔离，使火源孤立，火势不致蔓延。如将火源附近的可燃、易燃和助燃物搬走，关闭可燃气体、液体管路的阀门，以减少和阻止可燃物质进入燃烧区，设法阻挡流散的液体，拆除火源毗邻的建筑物等。

2. 窒息法

窒息法就是隔绝空气，使可燃物无法获得氧气而停止燃烧。如用不燃或难燃物遮盖燃烧物，密封起火的建筑、设备的孔洞；把不燃的气体或液体喷洒到燃烧物上，或用泡沫覆盖燃烧面，使之得不到空气而被窒息等。

3. 冷却法

冷却法就是降低着火物质温度，使之降到燃点以下而停止燃烧。如用水或二氧化氮气体洒燃烧物上，或用泡沫覆盖在燃烧物上以降低其温度；或者喷洒在火源附近的物体上，使其不形成新的火灾。

4. 抑制法

抑制法就是中断燃烧的连锁反应，如将有抑制作用的灭火剂喷射到燃烧区后，参加到反应过程中去，使燃烧终止，从而达到灭火的目的。

（四）消防设备、器材及标志介绍

酒店消防系统包括报警系统、供水系统、联动系统、信息告示系统、安全疏散通道、轻便灭火器材等。其中报警系统包括酒店消防控制系统操作台、烟感探测器、感温探测器和手动报警器。供水系统包括市政供水、消防专用水泵、贮水池、室外消防栓、水泵接合器、室内消防栓及供水管道系统、自动喷洒灭火管道系统、消防喷淋增压泵。联动系统包括警铃、排烟阀、送风阀、空气新风调节、排烟机、送风机。信息告示系统包括安全显示屏、紧急广播系统、逃生指示图。安全疏散通道包括安全通道标识、防火门、安全疏散楼梯等。各楼层、工作间还必须配置一定数量的轻便灭火器材，如干粉灭火器、二氧化碳灭火器等。每个房间按住客数必须配备消防逃生面罩（呼吸器）和一个手电筒。

1. 室内消防栓

用水来扑灭火灾主要通过消防栓装置来进行。水能导电，不能扑灭电力火灾，除非事先切断电源；水不能用来扑救不溶于水及比水轻的易燃液体引起的火灾，如苯、醚类；水也不能用来扑灭沸点低于80℃的易燃液体的失火，尤其不能用来扑救金属钾、电石、多卤化物、钠、发烟硫酸和氧化钠等引起的火灾，因为它们都能与水发生化学反应，产生易燃或有毒气体。

客房的每层楼都设置有安装消防栓的消防柜。消防栓使用前务必切断电源。

2. 常见便携式灭火器

常见便携式灭火器如表4–3所示。

表4–3 常见便携式灭火器

名称	灭火剂	用于火灾类型
干粉类的灭火器	碳酸氢钠	B、C、F类
	磷酸铵盐	A、B、C、E、F类
二氧化碳灭火器	液态二氧化碳	B、C、E、F类
泡沫灭火器	硫酸铝和碳酸氢钠	A、B、F类
水型灭火器	水和某些添加剂	A类
卤代烷型灭火器	1211或1301	A、B、C、E、F类

3. 烟感探测器

每50~60平方米安装一个，当空气中烟的浓度达到一定程度时，烟感探测就会自动报警，提醒人们发生火灾的位置（见图4–8）。

图4–8 烟感探测器

4. 温感探测器

每50~60平方米安装一个，当空气中热量达到一定程度时，温感探测就会自动报警，提醒人们发生火灾的位置。

5. 消防应急照明灯

当发生火灾时通常会伴有停电等现象，消防应急照明灯是一种自动充电的照明灯，当发生火灾或停电时，消防应急照明灯会自动工作照明，指示人们安全通道和出口的位置，以免顾客找不到安全出口撞伤（见图4–9）。

图4–9 消防应急照明灯

6. 地面疏散标识

地面疏散标识是一种具有无限次在亮处吸光、暗处发光的消防指示牌，它可挂、可贴，主要用于在火灾发生时在黑暗场所自动发光，指示安全通道、安全门。

7. 消防安全门

消防安全门是发生火灾时人们用来逃生用的紧急安全出口，平时严禁上锁和堵塞。

8. 手动报警按钮

遇突发火情时，按下紧急按钮，通过消防自动报警系统，自动启动消防警铃，发出警报。

六、客房火灾发生的原因

火灾往往是人们粗心大意、马虎疏忽造成的。客房常见的火灾原因有如下几种。

（1）吸烟起火：客人睡觉前在床上吸烟（特别是客人醉酒后抽烟），员工工作间吸烟。

（2）电器起火：电器设备超负荷运转，造成电源短路；电器设备安装不良或一次性使用时间过长，导致短路或元件发热而起火。

（3）电线老化、短路、接触不良、私拉乱接起火。

（4）电热器具使用不当，长时间使用或与可燃物距离太近起火。

（5）照明灯具温度过高，引起灯罩燃烧，造成火灾。

（6）不按安全操作规程作业（如客房内明火作业），没有采取防火措施，造成火灾。

（7）将未熄灭的烟头倒入垃圾袋或吸入吸尘器引起火灾。

七、火灾预防措施

客房部应结合本部门的具体情况，在酒店防火安全领导小组的指导下，成立客房部的防火组织，制订具体的火灾预防措施。

（1）地毯、家具、床罩、墙面、房门等都应选择具有阻燃性能的材料制作。电器设备安装使用应安全可靠。

（2）客人离开客房，应断开除冰箱等必须用电外的所有电源。

（3）在客房区域配置完整的防火设施设备、用品。床头柜放置“禁止卧床吸烟”标志。配合保安部定期检查防火、灭火装置及用具。

（4）安全警示标志完善，任何时候都能指示客人。安全通道处不准堆放任何物品，不准用锁关闭，保证通道畅通。

（5）训练客房部员工掌握灭火设备的使用方法和技能。

（6）房内安全须知中应有防火要点及需客人配合的具体要求，加强对住客的防火宣传。

（7）确保电梯口、过道等公共场所有足够的照明亮度；安全出口 24 小时都必须有红色照明指示灯；楼道内应有安全防火灯及疏散指示标志。

（8）制订客房部各岗位服务人员在防火、灭火中的任务和职责，遵守安全规程。客房服务员在整理房间时，应注意检查安全隐患。

（9）制订火警时的应急疏散计划及程序。每年至少开展一次消防演练。

八、火灾安全演练的步骤

（一）发现火情

（1）立即使用最近的报警装置，如立即打破手动报警器玻璃片，发出警报。

（2）拨酒店规定的报警号码，报告上级、通知话务员着火地点和燃烧的物质，呼唤附近的同事援助。

（3）迅速利用附近适合火情的消防器材控制火势或将其扑灭。

（4）电器设备发生火灾时，首先要立即切断电源。

（5）如果火势已不能控制，则要立即离开火场。要指示出口方向，组织好人员疏散和抢救物资。切不可使用电梯，一定要从防火楼梯上下。如发现客房门下有烟冒出，应先用手触摸此门，如果很热，千万不能打开房门。

（6）离开时应关闭沿路门和窗。在安全距离以外等候消防人员到场，并为他们提供必要的情况。

（二）听到火警信号

（1）客房部工作人员听到火警信号，应立即查实是否发生在本区域。

（2）无特殊任务的客房部员工应照常工作，保持镇静和警惕，随时待命。

（3）除指定人员外，任何工作人员在任何情况下都不得与总机房联系，全部电话线必须畅通无阻，仅供发布火警紧急指示用。

（4）客房部经理或副经理留守在办公室待命，只有在客房区域发生火灾时才赶到现场。

（三）听到疏散信号

疏散信号表明酒店某处已发生火灾，要求客人和全体酒店工作人员立即撤离房间，赶到集合地点列队点名。该信号只能由在火场的消防部门指挥员发出。

（1）迅速打开防火门、安全梯，并组织工作人员有步骤地按消防预案疏散客人。

（2）客房部工作人员应敲击和打开房门，帮助客人通过紧急出口离开房间，要特别注意帮助伤残、老、幼、孕住客。客人离开房间后要立即关好门。

（3）各层楼梯口、路口都要有人指挥把守，以便为客人引路，并避免大量客人涌向一个出口，造成挤伤、踩踏事故。

（4）火灾发生后，要注意检查每一个房间内是否还有客人。

（5）客房部经理应根据考勤记录在集合地点点名，保证每一个工作人员都点到。

九、客房突发事件的处理

客房的突发事件大致有：火灾、偷盗、打架斗殴、黄赌毒、公共恐怖行为、食物中毒、突发停水停电及相关事件、客人突发疾病、客人死亡、客人受伤等，其处理方法如下。

（一）客人受伤

客人在下雨、卫生间地面湿滑、洗澡间水温失衡、地毯不平、家具尖角钉刺等条件影响下，出现滑倒、摔跤、烫伤、割伤、电击伤等，对身体部分造成的伤害，包括轻度伤害（瘀伤、表皮伤、挫伤等）和重度伤害（骨折、脱臼、流血不止）。

（1）接到客人通知后，询问客人姓名、房号、性别和伤病情况。

（2）立即报告上级、大堂经理和安保部，立即赶到现场，安抚客人，确认伤情。

（3）根据客人伤势采取不同措施。

①如客人伤势非常严重，由大堂副理立即拨打120，由医院派车将客人接到医院治疗。

②如客人伤势较重，由大堂副理立即通知酒店司机安排车辆，陪同客人到医院治疗。

③如客人在夜间受伤，由值班经理派人陪同客人打的前往医院治疗（需垫付医药费需知会财务先借款后补手续）。

④如客人表示不需到医院治疗，大堂副理可用医药箱内药物给客人简单处

理伤口。

（4）客房部负责现场的清理工作。工程部安排人员对客人受伤区域的相关设备进行检查，对有故障的设备予以维修。由管理层安排人员到医院看望伤者，向客人解释原因，并安抚客人。

（二）客人急病

（1）发现客人急病应通知主管或经理赶到现场。

（2）通知大堂副理，征求客人意见在可能的情况下知会客人的单位和家属。

（3）急客人之所急，想客人之所想，尽可能为客人提供应有的服务，尽可能地满足客人各项需求。

（4）经常查看询问客人有无协助事项并经常性关心客人病情，以免出现突发事件。

（5）客人病情较严重时应立即与医务室联系或应马上送医院抢救，不可自作主张，耽误客人病情。严禁擅自拿药给客人吃。

（三）客人死亡

（1）宾客死亡分正常死亡和非正常死亡。客房部在得到宾客死亡的消息后，要立即向安全部报告，安全部人员在接到宾客死亡的报告后，应立即会同大堂副理赶赴现场，保护好现场。同时向总经理报告。

（2）若客人尚未死亡，要由安全部、大堂经理和医务人员立即送医院抢救。同时要求有与其同行的亲属、同事、领队一同前往。

（3）经检查，客人确已死亡（客人是否死亡要由医务人员诊断），要派人保护好现场，对现场的一切物品都不得挪动，严禁无关人员接近现场，由大堂副理向公安机关报告。除向上级领导和公安部门汇报外，任何人不得对外泄露。

（4）及时了解客人各种情况，把抢救、死亡及处理的全过程详细记录留存，为下一步处理工作做好准备。

（5）客房彻底清扫并严格消毒。

（四）客人失窃

（1）配备闭路电视监控系统、各种报警器以及客房内安全装置等设施设备。

（2）加强对客人的引导和管理。告知客人应尽的义务和注意事项；做好验证工作和钥匙领用；制订接待来访客人的程序，控制无关人员进入楼层；对客人感兴趣物品，要打上标记。

（3）健全客房部员工管理制度。客房部工作人员在日常的工作中，直接接触到酒店和客人的财物，对素质不高的服务员来说，就有较多机会偷盗酒店及客人的财物。对此，客房部要根据酒店的安全管理条例，制订明确的岗位责任制和行为准则，并加强对员工服务过程的管理。

（4）防止外来人员偷盗。加强客房楼层出入口及通道的控制，防止外来人员进入客房楼层；对进入楼层的外来人员加强监视；不要随便为“客人”开门。

任务 2	公共区域清洁与管理

学习目标

* 明确酒店公共区域清洁保养的范围及要求。
* 掌握酒店地面、墙面清洁保养的方法。
* 熟悉酒店公共区域清洁保养的技能。

情景导入

某酒店经过白天客人的来来往往，迎来了夜晚的宁静，酒店大堂公共区域可以看见清扫员们忙碌的身影。杰克是刚从学校毕业去酒店实习的实习生，被分到客房部实习，正好赶上客房部的计划卫生，看见师傅们用各种清洁器具在进行公共区域的清洁保养，他却显得手足无措。下面让我们跟着他的身影去熟悉酒店公共区域的清洁与保养的方法和流程。

引导问题：

1. 酒店公共区域的范围及清洁保养的特点是什么？

2. 酒店公共区域保养的范围、任务及要求是什么？

3. 公共区域防污防脏的措施是什么？

4. 大理石地面清洁保养前做的准备工作有哪些？

5. 不同墙面材料的清洁保养方法是什么？

实践设计：

假设你即将清扫大堂，请列表设计一份清扫的步骤和清扫的内容。

自我评价：

1. 清扫顺序步骤是否规范、完整：

□ 是　　□ 有遗漏　　□ 随意性大

2. 清理烟灰缸的方法：

☐ 正确　　　　☐ 错误

3. 清扫范围内容完整：

☐ 是　　　　☐ 有遗漏　　　　☐ 随意性大

4. 清扫方法正确：

☐ 是　　　　☐ 错误　　　　☐ 随意性大

5. 清扫结束后能做好整理工作：

☐ 是　　　　☐ 有遗漏　　　　☐ 随意性大

通用知识

酒店公共区域是酒店的重要组成部分。酒店公共区域的清洁保养水平的好坏直接代表整个酒店的卫生水准。客人往往根据他们对酒店公共区域的感受来评判酒店的管理水平和服务质量。另外，酒店公共区域的设施设备很多，投资较大，其清洁保养工作直接影响到酒店的日常运营以及设施设备的使用寿命。因此，做好酒店公共区域的清洁保养工作有着特别重要的意义。

一、酒店公共区域清洁保养工作的特点

酒店公共区域英文为 Public Area，简称为 PA，是指酒店公众共有、共享的区域和场所。根据酒店公共区域的功能和使用者的类别来分，可分为客用部分和服务员使用部分。酒店公共区域清洁保养工作主要有以下特点。

（一）关注焦点，要求高，影响大

酒店公共区域人员过往频繁，很多人对酒店的第一印象都是从酒店公共区域获得的，常有客人在回忆自己入住酒店的经历时，浮现在自己脑海中的第一印象就是干净整洁的大堂。这种印象往往影响着他们对酒店的选择。因此，酒店必须高度重视酒店公共区域的清洁保养工作，并以此作为酒店的广告招牌，增强酒店对公众的吸引力。

（二）范围大，情况多变，任务繁杂

酒店公共区域范围大，场所多，活动频繁，情况多变，因此，清洁保养工作的任务也就非常繁杂，而且有些工作是难以计划和预见的。人数多少、活动

安排、天气变化等多种情况都可能带来额外的任务。

（三）专业性较强，技术含量较高

酒店公共区域的清洁保养工作，尤其是其中的一些专门性工作与其他清洁保养工作相比，专业性较强，技术含量较高。因为工作中所需使用的设备、工具、用品和所清洁保养的设施设备和材料等种类繁多，服务员必须掌握比较全面的专业知识和熟练的操作技能，才能胜任这些工作。

二、酒店公共区域清洁保养的范围、任务及要求

（一）酒店公共区域清洁保养的业务范围

（1）酒店室内和室外的清洁卫生（厨房除外）。

（2）酒店所有下水道、排水、排污等管道系统、沟渠、河井、化粪池的清疏工作。

（3）酒店卫生防疫、喷杀“六害”的工作。

酒店公共区域清洁保养的业务范围，是根据酒店的档次和习惯而定的。例如，有的酒店是将酒店公共区域的卫生分别划归餐厅部、前厅部、工程部和客房部管理，而有的酒店则将前台区域划归客房部负责，将后台区域划归工程部或行政事务部负责。

（二）酒店公共区域清洁保养的任务及要求

酒店公共区域的各个部分由于所处的位置不同、功能不同、设备材料及装饰布置不同等多种原因，其清洁保养工作的任务和要求就不可能完全一样。下面概要地介绍部分主要场地的清洁保养工作的任务及具体要求。

1. 大堂卫生标准

（1）保持大堂地面干净，定期打蜡保养。

（2）随时检查烟灰筒（缸），筒（缸）内烟头不得超过三个。

（3）各种铜件和电镀件要光亮无尘，定期擦拭上光。

（4）门窗玻璃光亮，无污迹，对门窗玻璃要随时擦拭。

（5）绿色植物及仿真植物摆放定位，无尘、无损。

（6）沙发和座椅摆放整齐，无污、无损。

（7）钢琴和琴台要每天擦拭，无浮土，琴身和琴台定期打蜡保养，保持光亮。

（8）地毯干净，无污迹和渣物，每天吸尘，随时进行污迹的处理。

（9）楼梯和墙面定期打蜡保养，无污渍。

（10）各种广告牌架无污、无尘，定期进行铜饰品的抛光，随时保持洁净。

（11）遇雨雪天气，在大堂门口摆放伞架，加铺地垫和防滑标志，防止雨雪的水迹带入大堂内。

（12）雨雪天气安排人员及时擦拭地面水迹，保持地面干净，无水迹、无污迹。

（13）大堂内的所有装饰物要保持无尘，定时擦拭。

2. 客用卫生间卫生标准

（1）马桶每日进行清洗消毒，马桶内外无水垢、无污渍，客人使用后及时洗擦。

（2）便池每日进行清洗消毒，便池内外无水垢、无污渍，客人使用后及时洗擦。

（3）洗手池、台面无水迹，客人使用后及时擦净，台面不堆放杂物，物品摆放整齐。

（4）镜面光亮，无污点、无水迹。

（5）各种电镀五金件光亮，随时擦拭，无水碱、无污迹。

（6）门、隔板干净，无污迹。

（7）水箱内定期进行清理，箱内无沉积物，随时保持箱内清洁。

（8）垃圾及时清倒，杂物不能过多，保持清洁。

（9）墙壁经常擦拭：无尘、无污迹。

（10）地面保持光亮，无渣物和水迹，定期打蜡抛光。

（11）灯具、风口定期擦拭，不能有尘。

（12）卫生纸、擦手纸、洗手液要求及时添补。

（13）鲜花套盆干净无污，经常擦拭花叶，无尘土，常浇水，无枯叶。

（14）保持卫生间内空气清新，无异味。

（15）各类设备随时检查，发现故障及时报修。

3. 餐厅卫生标准

（1）地面、地毯保持干净，无渣物，每餐后必须用吸尘器吸地或用地推将地面推净。

（2）地毯油渍、污渍随时擦净，清理干净。

（3）大理石地面定期打蜡保养，保持光亮。
（4）木地板定期打蜡保养，保持洁净。
（5）地砖地面定期清洗，保持光亮。
（6）地毯定期清洗，保持地毯洁净。
（7）墙壁无尘、无污迹。
（8）玻璃光亮，无污迹和手印。
（9）挂画、饰品洁净无尘。
（10）柜台、吧台无污迹，表面光洁。
（11）铜及电镀制品光亮，无污迹，定期抛光保养。
（12）各类灯具光亮无尘，定期清洗保养。
（13）各类植物无尘、无损，经常擦拭花叶。
（14）出风口定期进行清洗，无尘。
（15）家具、餐椅每日擦拭，无浮土。
（16）保持各种设备，用品完好。

4. 客用电梯卫生标准

（1）客用电梯要随时保持清洁。
（2）电镀电梯门每日用不锈钢保护剂擦拭，保持门面光亮，无污。
（3）电梯内地毯每日吸尘，无渣物，定期更换或清洗。
（4）电梯内石材地面干净无渣物，无污迹，定期打蜡上光、保养。
（5）电梯内墙面、顶部无尘，无污迹，随时进行检查。
（6）电梯内广告无尘、无污，随时保持干净。
（7）观景电梯的玻璃无污迹和手迹，保持光亮。
（8）电梯按钮每日擦拭消毒，如有故障及时报修。
（9）随时检查电灯，如有损坏及时报修、更换。

5. 多功能厅、会议室卫生标准

（1）地毯每日吸尘，无污渍和渣物，定期清洗。
（2）桌、椅洁净，经常擦拭，无污渍。
（3）墙面保持清洁，墙面无尘，踢脚线上无浮土。
（4）灯具光亮，无尘，定期进行全面清洗。
（5）门、窗玻璃光亮，无污渍和手印。

（6）检查窗帘轨道，保证灵敏、完好，如有损坏及时修复。

（7）窗帘干净、无尘、无损，定期清洗窗帘。

（8）电话机无污渍，每日对话筒进行消毒。

（9）路牌、指示牌洁净，无污渍、无浮土。

三、酒店公共区域清洁卫生的质量管理

（一）重视清洁服务员的选择与培训

酒店公共区域的清洁保养工作具有要求高、任务繁杂、技术性强、劳动强度大等特点，因此并非一般人能够胜任。酒店要确保做好这项工作，首先必须选择合适的清洁服务员，加强对他们的培训，使他们具备应有的素质。合格的酒店公共区域清洁服务员必须符合下列要求：

（1）热爱酒店公共区域的清洁工作，具有高度的自觉性和责任感。

（2）能吃苦耐劳。

（3）有丰富的清洁保养知识和熟练的操作技能。

（4）熟悉酒店的情况，能回答客人的有关问题。

（5）有良好的服务态度和较强的应变能力。

（6）身体健康，形象较好。

（二）制订清洁保养制度及标准

根据酒店公共区域清洁卫生繁杂琐碎、人员变动大的特点，必须制订清洁保养制度及标准，以保证酒店公共区域清洁卫生质量的稳定性。酒店公共区域的清洁保养制度和标准一般包括日常的清洁保养制度和分期清洁保养计划。

1. 日常清洁保养制度

根据各区域活动特点和保洁要求，列出所有责任区域的日常清洁基本标准，以便进行工作安排和检查对照。后台区域清洁保养的一般形式和主要内容如下：

（1）行政办公室。每日下班后清洁一次。

（2）员工更衣室。每日早中班各清洁一次。

（3）员工通道与服务员电梯。每班清洁一次。

2. 分期清洁保养计划

分期清洁保养计划类似于客房的计划卫生，但酒店公共区域范围广，各

处的使用情况和环境要求也不一样，所以分期清洁保养计划应以片、区分列为宜。

（三）配备齐全的设备用品

酒店公共区域的清洁保养工作需要一些专门的设备工具和用品，这是做好酒店公共区域清洁保养工作的基本条件之一。酒店要根据具体的任务和要求配齐、配合、配好设备工具和用品，并加强管理。

（四）划片包干，责任落实到人

为了保证清洁保养计划实施和便于检查效果，应将各项工作落实到早、中、晚三个班，再根据工作量的大小确定各班次所需要的服务员人数，最后还要划片包干，责任落实到人。通常，早、中班各责任区服务员应根据客房部制订的工作流程和时间分配表进行工作，而夜班则只需列出其工作内容即可。

（五）加强巡视检查，保证质量

酒店公共区域管理人员要加强巡视检查，同时要制订卫生检查标准，以及制作相应的记录表格，如大厅的洗手间卫生检查记分表（见表4–4）。客房部的管理人员也要对酒店公共区域的清洁卫生进行不定期或定期的抽查和检查，才能保证公共卫生的质量。

表4–4　大厅的洗手间卫生检查记分表

年　月　日

项目	项目检查分数	检查时间		检查时间		检查时间	
		实际得分		实际得分		实际得分	
1. 地面、墙角无积灰、杂物、污渍	15						
2. 马桶、小便池内外干净无污渍	15						
3. 四壁瓷砖无污迹、积灰	10						
4. 大、小各扇门无灰尘、污渍	5						
5. 间隔墙顶无积灰、杂物	5						
6. 马桶底座及垫边无积灰、污渍	5						
7. 脸盆四周及水龙头清洁无水迹	5						
8. 脸盆下水口、溢水口无污迹	5						

续表

项目	项目检查分数	检查时间		检查时间		检查时间	
		实际得分		实际得分		实际得分	
9. 各小垃圾箱或烟灰缸内外清洁	5						
10. 托盘无污渍、皂盒无水渍	3						
11. 水池下弯管无积灰、污渍	3						
12. 镜面无水迹、镜框无锈迹	3						
13. 大理石台面无灰尘	2						
14. 踢脚板、缓冲器无积灰	2						
15. 镜框顶无杂物、积灰	2						
16. 水箱内无大沉淀物、外无污渍	2						
17. 风口无积灰	2						
18. 壁画、卷纸架无积灰	2						
19. 梳子、衣刷上无头发、污渍	3						
20. 工作间物品归位整洁	6						
合　计							

酒店公共区域管理人员的清洁卫生检查，白天应以检查清洁卫生质量、了解员工的工作状态和操作细节为主，其中以是否正确使用清洁剂和清洁工具为重点；晚上则以督促工作为重点，因为晚间在灯光下，地面、玻璃及门柱等处是否光洁，是无法一目了然的。

四、地面构造常识与清洁保养的方法

（一）不同材质地面的清洁保养

酒店公共区域以及客房的地板材料一般为云石（大理石）、木地板、地毯。

1. *云石（大理石）*

（1）成分。云石又称为大理石，是碳酸钙的晶体。云石漂亮的光色泽由石内的杂质所造成。不同的云石，其密度及韧性亦有很大区别，但因其成分一样，所以保养方法也是一样的。

（2）保养方法。避免使用任何酸性清洁剂，因其会与碳酸钙发生化学反应而使云石失去韧性并会腐蚀云石表层。避免使用粗糙的东西摩擦，因为这样会造成云石表面永久性的磨损。也不能使用砂粉或粉状清洁剂，这类的清洁剂干后会形成晶体存留在云石表面的空洞内，容易造成表面被迫爆裂。

（3）保护物。包括封蜡与树脂液体蜡物或氯化树胶封于表面两种。

2. 木地板

（1）成分：工业上应用的木地板通常使用软性或硬性的不同厚度与宽度的木板。

（2）保养方法：避免湿水，未封或堆砌不好的地台，遇水会发生变形或松脱的现象；避免翻刨，这样会使木地板变薄而不符合建筑规格。

（3）保护物：木板蜡、蜡水。

3. 地毯

（1）成分。基本上由三层材料所构造而成：一是面层纤维或称线层，二是第一支持层，三是第二支持层。织或勾的地毯不需要第二支持层。

（2）保养方法。定期检查地毯的状况，看是否有线头、是否有脱落、是否有凸起的毛簇、角落的地毯是否卷曲、是否有烟痕和小洞。

（3）保养方法。吸尘、干洗或水洗。

（二）地板清洁程序及技巧

1. 大理石地面清洁程序及技巧（见表 4–5）

表 4–5 大理石地面清洁程序及技巧

工作步骤	操作内容及规范要领
准备器具	1. 在准备清洗的地方，竖立“暂停使用”告示牌 2. 准备好各类洗涤剂和洗涤器具 3. 检查洗地机、抛光机、喷蜡器等能否正常使用
清理地面	1. 将所需打蜡地面上的家具和物件搬离（在晚间 12：00 后进行） 2. 将清洁剂溶液放入清洁桶，用地拖或机器将清洁剂溶液洒到地面上（注意适量） 3. 用机器分段分块清洗 4. 手工擦洗边角部位 5. 及时用吸水机或地拖清除溶液和污物（如不及时清除，污物又会黏附在地面上） 6. 用清水彻底清洗，在最后一次清洗时，要在水中加入适量的醋，用以中和碱 7. 将地面处理干燥

续表

除旧蜡	用拖把将起蜡水均匀涂于待洗地面
磨洗地面	1. 用洗地机磨洗地面 2. 用钢丝球擦除墙角边陈蜡
清洗地面	1. 用清水清洗一遍 2. 用吹风机或吸水机清除水分
打蜡	1. 用胶纸带封住离地面 60 厘米以下的墙面上的插座，以免液体溅入 2. 面对自然光 3. 涂蜡动作流畅，用力均匀 4. 不可遗漏，把两个区域的交界处轻轻带过 5. 每涂一层蜡，要等干后用机器磨去粗糙不平处，然后再涂另一层蜡 6. 封蜡要在 12~16 小时后才能干
抛光	待蜡层风干后（约半小时）后抛光，方法是用抛光剂轻度打磨，使蜡面平滑牢固

2. 木地板清洁技巧

根据木质地面的特性，清洁保养时要注意以下几点：

（1）木地板在启用前要用油性蜡密封上光，以隔热防潮、防渗透、防磨损。

（2）日常清洁保养中，可用牵尘剂浸泡过的拖把除尘除迹。

（3）特殊污迹要采用合理的方法清除，不能蛮干。

（4）一般污垢应用稀释过的中性清洁剂清洗。

（5）定期清除陈蜡并重新打蜡。清除陈蜡时，要使用磨砂机干磨，边角部位用钢丝绒手工处理，所选用的蜡应为油性蜡。

（6）防止碰撞或擦伤，防火忌水。

3. 地毯清洁技巧

（1）水洗地毯（可适于化纤地毯）操作方法。

①用吸尘器全面吸尘。

②稀释清洁剂，也可注入水箱。

③在地毯上全面喷洒清洁剂。

④作用 10~15 分钟后，污渍脱离纤维。

⑤用洗地机抽洗，操作向后行走而使每操作行有一部分重叠，最少经过两次抽洗。

⑥在清洗地毯的同时，用吸水机吸净已洗完的地毯。

⑦让地毯完全干透，可开动地毯吹干机。

（2）干泡地毯清洗（适用于纯毛地毯）操作方法。

①用吸尘器全面吸尘。

②局部处理即用专用的清洁剂对地毯上的油渍、果渍、咖啡渍单独进行处理。

③稀释地毯泡沫清洁剂，注入打泡箱。

④用手刷处理地毯边缘、角落和机器推到之处。

⑤用装有打泡器、地毯刷的单盘扫地机，以干泡刷洗地毯。

⑥用地毯梳或耙梳起地毯纤毛，这对地毯外观非常重要，尤其是纤维较长的棉绒地毯，而且有加快地毯干燥作用。

⑦让地毯毛完全干透用吸尘器吸去污垢和干泡结晶体。

（3）清洗地毯时要注意的要点。

①要有齐全适用的设备、工具。

②清洁剂要合理配制。

③水温不能过高。

④清洁前要先移开家具和其他障碍物。

⑤边角部位要用手工处理。

⑥如果很脏，不要指望能一次性清洗干净。

⑦必须待完全干燥后才能使用。

⑧局部严重污迹，可先用手工清除。

⑨安全操作。

（4）常见的地毯污迹的种类及清除方法（见表4–6）。

表4–6 常见的地毯污迹的种类及清除方法

污迹的种类	清除方法	备注
酒精、尿液、烟灰、铁锈、血液、啤酒、果酒、果汁、盐水、芥末、漂白剂、墨水	1. 将溶液①浸在清洁的抹布上 2. 轻轻抹去污迹 3. 用纸巾或干布吸干 4. 用吸尘器吸尘	溶液①：以30毫升的地毯清洁剂加一匙白醋，溶在120毫升水内 溶液②：将7％的硼砂溶在300毫升水中

续表

污迹的种类	清除方法	备注
巧克力、鸡蛋、口香糖、冰激凌、牛奶、汽水、呕吐物	1. 将溶液①浸在清洁的抹布上 2. 轻轻抹去污迹 3. 用干布或纸巾吸去液体 4. 施用溶液② 5. 施用溶液① 6. 用干布或纸巾吸去液体 7. 干后用吸尘器吸尘	溶液①：以 30 毫升的地毯清洁剂加一匙白醋，溶在 120 毫升水内 溶液②：将 7％的硼砂溶在 300 毫升水中
牛油、水果、果汁、油脂、食油、药膏、油漆、香水、鞋油、油渍、蜡	1. 将溶液①浸在清洁的抹布上 2. 轻轻抹去污迹 3. 用干布或纸巾吸去液体 4. 等待变干 5. 用溶液①浸湿脏处 6. 轻轻擦拭 7. 用干布或纸巾吸干 8. 干后用吸尘器吸尘	
地毯烧伤	1. 用软刷轻刷 2. 或者用剪刀将烧焦的部分剪掉 3. 用吸尘器吸一遍	必要时用清洁剂溶液清洁
地毯严重烧伤	1. 用利刀去掉烧焦部分 2. 用同样的地毯胶贴或织补 3. 清除痕迹	
地毯上有压痕	1. 用蒸汽熨斗熨烫 2. 用软刷轻刷或用吸尘器吸，消除痕迹	

五、墙面的清洁与保养

与地面材料一样，墙面的装潢也是日新月异，装饰材料品种繁多。因为墙面色彩等装饰能在第一时间使人产生视觉感应，它的好坏直接影响到客人对酒店印象的评价，因此酒店投入大量的资金用于墙面装饰，以使酒店更具吸引力和特色。

（一）硬质墙面的保养

硬质墙面与硬质地面的保养有所不同，墙饰面摩擦少，其上主要有灰尘、水珠等污垢，如在大厅则主要是灰尘。清洁保养的方法是每天掸去表面浮灰，定期用喷雾蜡水清洁保养。该蜡水既具有清洁功效，又会在表面形成透明保护膜，更方便了日常清洁。如果是卫生间的墙面，则应定期使用碱性清洁剂清洁，洗后一定用清水洗净，否则时间一久，会使表面失去光泽。

涂料墙面也是硬质墙面中的一种，所不同的是在硬质墙面涂上不同种类的涂料。涂料可分为溶剂型涂料、水溶性涂料和乳胶漆涂料 3 种。前者生成的涂膜细而坚韧，有一定耐水性，缺点是有机溶剂较贵、易燃，挥发后有损于人体健康；中者是以水溶性合成树脂为主要成膜物质，会脱粉；后者是将合成树脂以极细微粒分散在水中构成乳液，作为主要成膜物质，其效果介于前者与中者之间。优点是色泽千变万化，价格较低，不易燃，无毒无怪味，也有一定的透气性。缺点是天气过分潮湿时会发霉。这种墙料因施工简单，色彩变化大，客房仍可使用。涂料墙面的日常清洁是掸尘，墙面一出现霉点即用干毛巾擦拭。

（二）贴墙纸墙面的保养

贴墙纸是目前应用最广的墙面饰材，主要用于客房、会议室和一些餐厅。所有墙纸墙面的正常保养是定期对墙面进行吸尘清洁，将吸尘器换上专用吸头即可，而日常工作中若发现特殊脏迹要及时擦除。对于耐水墙纸可用中、弱碱性清洁剂和毛巾或牙刷擦洗，洗后用干毛巾吸干即可；对于不耐水墙面可用干擦法，也可用橡皮擦擦拭，或用毛巾蘸些清洁液拧干后轻擦。总之要及时清除污垢，否则时间一久即会留下永久斑迹。

（三）软面墙面的保养

软墙面是用锦缎等浮挂于墙面，内衬海绵的一种墙面。其装饰效果、织物所具有的独特质感和触感，是其他任何墙饰面所无法比拟的。具有温暖舒适、格调高雅、尊贵大方、立体感强、吸音效果好等特点。保养方法主要是定期进行吸尘，如能保持房间相对湿度，则不会有太大的清洁保养难度。因为软式墙面的填充物是海绵，水擦后不易被干透，甚至会留下明显的水斑，故不能经常用清洁剂洗擦脏斑。因此在 1 米以下处用木板墙贴面，1 米以上处用软墙装饰，这样既能增强装饰效果，又方便了清洁保养。

（四）木质墙面的清洁保养

木质墙面中，现有微薄木贴面板和木纹人造板两种，常用在大厅、会议室、餐厅、客房的装饰。木质墙面平时可用拧干的抹布除尘除垢，定期上家具蜡可减轻清洁工作的劳动强度。对于破损处及时找维修人员进行修复即可。

模块五

“我想您可能希望加一个枕头”
——房务中心服务

项目一 看不见的服务如影随形

任务 1	贴心的房务中心服务

学习目标

* 了解客房对客服务的特点和要求。
* 掌握对客服务的内容、程序和技巧。
* 具备有效的协调及沟通能力。

情景导入

某市假日酒店住着一批来自台湾的长住客。一天有位台湾客人的名贵西装弄脏了需要清洗，客人又急着要出门，于是把客房服务员杰克叫进了客房，跟他说要清洗这件西服，请杰克帮他把洗衣单填了。杰克想也许是客人累了，就爽快地答应了，随即他按照自己领会的客人的意思帮客人把洗衣单填好了，在洗衣单湿洗一栏中做了记号，然后将洗衣单和西装一同送进了洗衣房。洗衣房的员工也严格按照洗衣单上的要求对西装进行了湿洗，没想到在西装口袋背面出现了一个很明显的破损。第二天西装送回时，客人发现有破损非常生气，责备杰克，问他为什么拿这件衣服湿洗，说这是件名贵西装应该干洗，并提出了投诉，要求酒店赔偿。

引导问题：

1. 请说说案例中服务员错在哪里。

2. 客房洗衣服务的接收程序是什么？

3. 客房洗衣部有没有不该收洗的衣服？如果有，那拒收的原因是什么呢？

4. 客房对客服务的特点和要求是什么？

实践设计：

北京某酒店洗衣房承接了一件镶嵌有各种饰物的女士夏装，看样子是无法洗涤整烫好，该怎么处理呢？

自我评价：

1. 办理客人客衣收洗程序是否规范完整：

□ 是　　　　□ 有遗漏　　　　□ 随意性大

2. 发现客衣不能洗涤整烫好，对客服务语言应用的沟通技巧能得到客人认可：

□ 认可　　　　□ 不认可

通用知识

［客房对客服务］

一、客房对客服务的项目及特点

（一）客房对客服务项目

我国 2010 年发布的《旅游饭店星级的划分与评定》（GB/T 14308—2010）中的附录 A“必备项目检查表”中规定了各星级应具备的硬件设施和服务项目，其中客房必备的对客服务项目如表 5–1 所示。

表 5–1　对客服务必备项目

星级	服务项目
三星级	1. 应提供留言和叫醒服务。可应宾客要求提供洗衣服务
	2. 客房内应 24 小时提供热饮用水，免费提供茶叶或咖啡
	3. 应提供早、中、晚餐服务
	4. 应提供与饭店接待能力相适应的宴会或会议服务
	5. 应为残障人士提供必要的服务
四星级	1. 应提供开夜床服务，放置晚安致意品
	2. 应提供客房微型酒吧服务，至少 50% 的房间配备小冰箱，提供适量酒和饮料，并备有饮用器具和价目单。免费提供茶叶或咖啡，提供冷热饮用水，可应宾客要求提供冰块
	3. 应提供客衣干洗、湿洗、熨烫服务，可在 24 小时内交还宾客，可提供加急服务
	4. 应 18 小时提供送餐服务。有送餐菜单和饮料单，送餐菜式品种不少于 8 种，饮料品种不少于 4 种，甜食品种不少于 4 种，有可挂置门外的送餐单
	5. 应提供留言及叫醒服务
	6. 应提供宾客在房间会客服务，可应宾客要求及时提供加椅和茶水服务
	7. 客房内应备有擦鞋用具，并提供擦鞋服务
五星级	1. 应提供开夜床服务，夜床服务效果良好
	2. 应提供客房微型酒吧（包括小冰箱）服务，配置适量与住店宾客相适应的酒和饮料，备有饮用器具和价目单。免费提供茶叶或咖啡。提供冷热饮用水，可应宾客要求提供冰块
	3. 应提供客衣干洗、湿洗、熨烫服务，可在 24 小时内交还宾客，可提供加急服务

续表

星级	服务项目
五星级	4. 应24小时提供送餐服务。有送餐菜单和饮料单，送餐菜式品种不少于8种，饮料品种不少于4种，甜食品种不少于4种，有可挂置门外的送餐单，送餐车应有保温设备
	5. 应提供自动和人工叫醒、留言及语音信箱服务，服务效果良好
	6. 应提供宾客在房间会客服务，可应宾客要求及时提供加椅和茶水服务
	7. 客房内应备有擦鞋用具，并提供擦鞋服务

客房服务与酒店的前厅、餐饮等服务既有相同之处又有不同的地方，对它的特点进行研究有利于提供有针对性的服务。

（二）客房对客服务特点

1. 像“家”一样的感觉

酒店的服务宗旨就是为客人提供一个“旅行之中的家”，因此是否能够体现出“家”一样的温馨、舒适、安全、方便等就成为对客服务成败的重要因素。在为客人提供服务时，客房服务员扮演着“管家”“侍者”的身份，要很留意客人在客房里的生活起居，及时发现客人的需求，对客服务尽量做到在客人开口之前，意在给客人留下美好印象。

2. 给客人提供的是“暗”的服务

前厅部和餐饮部的待客特点是与客人一对一的面对面的服务，与客人接触很频繁。而客房部的服务特点是服务员经常在客人不在的时候把客房产品做好了提供给客人。例如客人在进客房时发现客房里服务员为其准备的欢迎果盘和舒适整洁的客房，就能感受到客房服务员的热情服务。客房服务的这一特点让人觉得客房服务员像幕后英雄一样，但这并不表示客房部没有面对面的对客服务机会，收洗客衣、清扫客房、房内送餐等都是有机会和客人面对面接触的。因此，客房服务员在对客服务时也要讲究礼节礼貌，做到有礼有节。客房的对客服务形式“明暗兼有”，这一特点对客房服务人员的素质提出了很高的要求。

二、客房对客服务的要求

“服务”一词的英文“SERVICE”，业内人士认为单词中每个字母都代表一个意思，共包含七种含义，它们分别是真诚（Sincere）、效率（Efficinet）、随时做好服务准备（Ready to serve）、可见（Visible）、有问必答（Informative）、礼貌（Courteous）、出色（Excellent）。由此可见，这七重含义贯穿着对客服务的全过程。客房对客服务是饭店服务的主体之一。客人在饭店下榻期间，在客房逗留的时间最长，客房部对客服务水准的高低在很大程度上决定了客人对饭店产品的满意程度。这就要求客房的对客服务要以与其星级相对应的服务程序及制度为基础，以整洁、舒适、安全和具有魅力的客房为前提，随时为客人提供真诚主动、礼貌热情、耐心周到、准确高效的服务，使客人“高兴而来、满意而归”。

三、常规性的客房服务项目

（一）洗衣服务

洗衣服务可分为水洗、干洗、熨烫三种，时间上分为普通服务和快洗服务。提供优质的洗衣服务对提高客人对客房工作的满意度具有非常重要的意义。在对客服务工作中，洗衣服务比较容易引起客人的投诉。所以，客房部应注意做好洗衣服务的控制工作。

1. 客衣的收取

最常见的送洗方式是客人将要洗的衣物和填好的洗衣单放进洗衣袋，留在床头或挂在门把手上，也有客人嫌麻烦请服务员代填的，但要问清楚客人送洗的要求，然后请客人过目并签名。洗衣单一式三联，一联留在楼面，另两联随衣物送到洗衣房。为避免客人将要送洗的衣物放在房内延误收洗的时间，服务员应在每天一固定的时间去客房巡查是否有客人送洗衣物（一般为早上9点到10点），及时收取。有些酒店规定，若客人没有填洗衣单不予送洗，并在洗衣单上醒目注明。

电话接受客衣的洗涤是国际上大部分酒店的例行做法。客衣服务员在电话中往往需提醒客人：填写洗衣单，并将其与所需洗烫的衣物一同装入洗衣袋，放在客房内，客人有特殊要求的服务员应问清楚并做好记录。在收取客衣的过程中，要特别注意以下的问题：

（1）接到客人洗衣要求后，服务员应迅速前往客人房间收取客衣。

（2）凡是散放在客房内客人没有放在洗衣袋内的衣服均不能收洗。

（3）检查洗衣袋内是否有洗衣单，洗衣单上所填房号和实际房号是否一致，核对单上所填信息与衣服的特点是否吻合。

（4）收取衣服时要检查衣服内是否有贵重物品、衣服的件数、纽扣有无脱落、衣物上有无明显污渍。

（5）不要将客衣随意乱放，不要把洗衣袋放在地上拖着走，爱护客人的衣服，名贵的西服或高级时装要用衣架挂好。

（6）收到的所有衣服均需记录在客衣收取记录表上。

（7）接收客衣后，客房服务中心应立即通知洗衣房前来收取衣服，并按规定与洗衣房交接。

2. 客衣的送回

送回客衣现在基本上都是由客房服务员直接送客衣回客人的房间。准确无误是送返客衣工作中需要特别注意的问题，常见的错误是送错楼层和送错房号。对于“请勿打扰”和双锁房的客人，服务员不能打扰，要把客衣交给楼层的客房服务员，并可在门下放入“衣服已洗好”的说明卡，注意记下客人的房号，说明卡的内容示例如下：

亲爱的宾客：

因您的房间挂了“请勿打扰”牌/双锁，我们将您的衣服暂存于洗衣部。若您需要，请拨电话与我们联系，衣服将立刻送回，谢谢。

送回客衣是一件十分细致的工作。按国际惯例，由于酒店方面原因造成衣物的缺损，赔偿金额一般以洗涤费用的十倍为限。我国由于洗涤费用便宜，即使按十倍的赔偿优势也无法使客人满意。所以，要求服务员在接受客人洗衣请求时必须认真负责，不能出一点差错，否则会遭到投诉，给酒店造成经济损失和声誉的影响，为住客提供洗衣服务是一项比较细致的工作，不能因缺乏常识或粗心大意而出现差错。

（二）房内小酒吧服务

为了方便客人，大部分酒店都在客房内安放小冰箱，向客人提供适量饮料，并在适当的位置放置烈性酒，备有杯具和酒水单。客房部管理房内的小酒吧可以减少跑账和打扰客人的次数，增加了安全系数，也便于服务员和客人沟通。

1. 小酒吧提供的服务内容

（1）住店客人房内的小酒吧，由服务员每天上午做房和晚间做夜床时逐一查核。如有饮用，立即补充，并将饮料的品种和数量记录在工作单上，开好账单，领班据此填写小酒吧饮料日消耗单。

（2）早班领班在上午和下班之前、晚班领班在下班前，分别将楼层服务员开的饮料账单送到客房中心。

（3）早班领班上班后，立即核对饮料柜中的饮料，做好报表，并按定量将饮料发给各楼层服务员，供补充客房小酒吧用。晚班领班在晚班服务员下班前将用不完的饮料收回到饮料柜中。

（4）对于团队房饮料的检查，服务员根据“客人进店、离店通知单”，在团队客人离店前半小时，将该团队所有客房内的小酒吧查核一遍，开好饮料账单，由领班送至前台收银处。

（5）零星客人结账时，由客房中心联络员通知到楼层，楼层服务员应立即进房查核小酒吧内饮品的耗用量，并在房内拨打电话，将该房客人饮用的饮料品种及数量通知前台收银处。

（6）每周日由领班对楼层饮料柜进行盘点，做出一周饮料消耗表，交由楼层主管核对。物品领发员于次日根据楼层消耗数量将饮料发到楼层。

（7）每日全部楼层的饮料消耗账目由夜班服务员完成。夜间 12：00，夜班服务员从前台收款收取回所有饮料账单的回单，与早、晚班领班填写的饮料消耗表核对，并按楼层分类，逐一钉好。若回单与消耗表相符，则将此数据登记在饮料消耗总账簿上；若有疑问则另做记录，交由秘书核对，楼层主管负责查清原因。

（8）秘书每天去前台收银处抄录小酒吧饮料入账的房号、品种、数量，交由楼层主管调查。

（9）每月底由服务员对房内小酒吧、领班对楼层饮料柜内的饮料进行检查。如有接近保存期限的，立即与仓库调换。

2. 小酒吧服务注意事项

（1）小酒吧的酒水要按规定进行配备，补充酒水入房时应检查有效期，每月定期检查客房内客人没饮用过的酒水的保存期，防止摆放过期酒水。

（2）清点小酒吧酒水时要仔细认真、逐一核对，防止客人“偷梁换柱”。若发现此种情况应及时通知领班并填写报告单进行报损。

（3）因特殊情况不能及时补充酒水时，要与同事做好交接。

（4）在客人离店结账时，服务应迅速进入房间检查酒水消耗情况，如有饮用及时通知前台收银处。

（三）擦鞋服务

为了方便客人，酒店在客房内给客人提供一次性的擦鞋纸，也有酒店在前厅入口处提供擦鞋机。除此之外，客房部也提供擦鞋服务。提供此项服务的酒店在客房内壁橱内提供给客人鞋篮，并在服务指南处告诉客人：客人如需擦鞋，可将鞋放在篮内，可以放在客房内显眼处由客房服务员上门收取，或打电话叫客房服务员前来收取也行。

1. 擦鞋的服务程序

（1）客人将要擦的鞋放在鞋篮内，或电话通知，或放在房内显眼处，服务员接到电话或在房内看到后都应及时收取。

（2）及时将鞋篮编号，并将客人的房间号写在纸条上放入鞋内，防止弄错。

（3）将皮鞋放置于楼层工作间内待擦。

（4）在地上铺上废报纸，备好与鞋色相同的鞋油和其他擦鞋工具。

（5）用一个软鞋擦清除鞋上尘埃。

（6）按规范擦鞋，擦净、擦亮，鞋擦好后应有光泽、无污渍。

（7）鞋子擦干净后，要取出纸条，放于鞋篮中送回客房。

（8）把鞋从鞋篮中取出，摆放于行李柜旁的空处，鞋篮上的店标面向外。

（9）擦鞋服务一般于鞋取出后 15 分钟至半小时后将擦好的鞋送回房内，放在酒店规定的地方。若有多双鞋，则送回时间不可超过 1 小时。

2. 注意事项

（1）要避免将鞋送错房间。

（2）对没有相同颜色鞋油的待擦皮鞋，可用无色鞋油。

（四）托婴服务

为了方便带婴、幼儿的客人，使其不致因小孩的拖累而影响外出，客房部还应为客人提供婴、幼儿托管服务，并根据时间的长短收取相应的服务费。托婴服务是一项责任重大的工作，绝不可掉以轻心。

（1）客人提出托婴服务申请时，应问清照看的时间、小孩的年龄等，请客人填写婴儿照看申请单（见图 5-1），并告诉客人有关酒店的收费标准注意事项。收费一般是将 3 小时作为计费的起点，超过 3 小时，则每小时增收费用。

婴儿照看申请单
BABY SITTER REQUEST

日期 ______

客人姓名 ________________ 房号 ______

亲爱的顾客：

根据您的要求，我们已经安排了照看者____，在____，从____点到____点负责您小孩的照看工作，请您在□内画“√”选择：

早餐	需要□ 不需要□	午餐	需要□ 不需要□	晚餐	需要□ 不需要□

请注意托婴服务一般将3小时作为计费起点，收费为____元，超过3小时则每小时增收费用____元，如果您让照看者晚上11点后离开，请支付她____元出租车费。请在饭店收银处直接付款。

我全部接受上述条款

签名_____ 签名_____
客房服务员 客人

图 5-1 婴儿照看申请单

（2）照看者必须有责任心、可靠，并有一定的保育知识。通常由客房女服务员承担此项工作。如果由客房服务员兼管，只能利用工余时间，绝不能利用上班时间。

（3）必须按客人要求照看小孩，事先了解小孩的特性以及家长的要求，不要随便给小孩子食物吃，确保小孩安全。一般不能将小孩带出客房或酒店。

（五）提供物品租借服务

物品租借已成为客房部的一项重要服务项目。客房内所提供的物品一般能满足住店客人的基本生活需求，但有时客人会需要酒店提供一些特殊的物品，如婴儿车、烫衣板、转换插头等，因此客房服务中心应备有此类物品，向客人提供租借服务。酒店可提供客人租借物品的种类取决于酒店的服务标准以及该酒店客人的需求，租借物品的数量取决于酒店大小以及预计的需求量。客房租借物品的具体程序如下：

（1）客人租借物品时，服务员应明确租借物品的名称、要求、租借时间等，并将其详细记录在租借物品登记单上。

（2）将用品迅速送至客人房间，请客人签字。

（3）借出物品时，要检查其清洁、完好情况。对电器类物品，须当面演示使用方法，服务员在将转换插座或接线板送至客人房间后不应立即离开，而应主动帮助客人接好插头，看所提供的转换插座或接线板是否符合要求。同时，也可以观察客人是否使用酒店禁止使用的电器。

（4）收回租借物品后，要检查完好情况，并做好记录。

（5）客人离店时，要检查客人有无租借物品未归还。

一些酒店免费向客人租借物品，如万能插座、烫衣板、熨斗等，在客人借用电器时，须向客人说明本酒店使用的是220伏的电压，并请客人使用完后归还。此外，还免费提供应急用的婴儿纸尿片、婴儿床及女宾卫生巾、热水袋、椅子等。

任务 2	客房从来都不会搞错客人的信息

学习目标

* 熟悉客房部个性化的客房服务项目的服务程序。

* 能够独立完成给客人提供的个性化服务。

情景导入

一天晚上大约10点，酒店大堂已经是一片宁静，前台服务员也开始慢慢进入夜班模式，在做一天的资料审理工作。突然从门口传来一片嘈杂声，只见门口保安从出租车上扶下来一位走路踉跄的客人，客人的领带是松乱的，还满嘴说着“再来一杯，还没喝够呢”，很显然是一位喝醉酒的客人。保安从他嘴里大概听出客人是酒店3002号房间的客人。经过前台服务员的查询，正是3002号房的李先生，晚上和客户应酬，喝得有点多，回到酒店后就有点不清醒了。遇见这种情况服务员应该怎样处理？

引导问题：

1. 客房服务中的个性化服务项目包括哪些内容？

2. 对不同类型的客人服务员要怎样提供服务？

3. 个性化服务与规范化服务之间的关系是什么？

实践设计：

请根据情景导入的内容，模拟训练酒醉客人客房服务员的接待程序。

自我评价：

1. 发现客人酒醉后返回客房所采取的方法：

□ 灵活　　　□ 随意性大　　　□ 刻板

2. 客人进客房后服务员所提供的服务是否已结束：

□ 是　　　□ 有待继续

3. 客人如果完全不清醒，服务员所采取的方法：

□ 灵活　　　□ 随意性大

通用知识

一、个性化的客房服务项目

（一）个性化服务的定义

个性化服务就是有针对性地满足不同客人合理的个别需求的服务。个性化服务起源于海外发达国家，被称为“Personalized Service”。之所以提出这样一个服务新概念，主要是因为西方酒店业在近百年发展过程中发现，面对客人服务时，仅有规范化的服务是不能使所有的客人完全满意的。造成这种状况的最主要原因，就是因为服务对象——客人的需求实在是太变幻莫测了，标准化的规范只能满足大多数客人表面上的基本需求，而不能满足客人更深层次的不可捉摸的个别需求。标准化的规范是死的，而客人深层次的需求却是即时的、灵活多变的，这就是为什么有时候服务员规规矩矩地为客人服务，不但没有让客人高兴，反而会使客人感到别扭甚至大发脾气。因此，在这种背景下，酒店经营者开始认识到，服务员必须站在客人的角度，因客人的不同需要而随机应变，个性化服务由此产生，即服务必须有针对性地满足不同客人的个别需求。

（二）个性化服务与规范化服务的关系

个性化服务与标准化服务并不是两种对立的不同服务，可以说标准化服务是基础，个性化服务是标准化服务的延伸和细化。在强调个性化服务的同时，不能放弃或弱化标准化服务的作用。标准化服务是一家饭店服务质量的基本保证，没有了标准的规范服务，服务质量就成了无本之木。当某些个性化服务成为大多数客人的需求时，这部分个性化的服务就又成了新的服务标准和规范，由此不断改进酒店业的服务水平。

二、主要的个性化服务项目

（一）贵宾服务接待

1. 接待贵宾的程序

（1）客房中心在接到贵宾接待通知单后，应熟悉有关内容，了解贵宾的日程安排、生活安排、生活习惯与爱好等，并及时通知相关楼层，做好准备工作。

（2）领班安排楼层服务员对贵宾房进行大清扫（完成各项计划卫生），协助花房服务员、客房服务员将客房内的赠品放入房间。

（3）房间布置完毕，领班进行严格检查，发现问题，立即纠正。再逐级通知请领导下来检查客房的清洁卫生及客房是否按客人的喜好来布置。

（4）在客人进店前，楼层服务员再进房巡视一遍，并抹尘、吸尘，确保万无一失。

（5）贵宾住店期间一离开客房，服务员立即进行客房小整理。

（6）根据贵宾的生活习惯和爱好，提供有针对性的服务。

（7）注意观察宾客的喜好，做好记录并及时将有关信息传递到总台，以便完善客史档案。

2. 贵宾接待过程中应注意的事项

（1）及时传递信息。保持信息传递的畅通和及时是做好服务工作的一个重要环节，这在贵宾接待中显得尤为重要。

（2）注意细节，精益求精。酒店管理水平的高低，往往见于细节之中。在接待贵宾过程中要特别注意细节。

（3）确保员工尽可能地用姓名或尊称称呼客人。通常，客房中心将贵宾通知单放在最醒目的位置，贵宾的姓名和房号写在客房部、洗衣房办公室以及楼层工作间的告示白板上，方便服务人员在给客人提供服务的时候能立刻以姓氏称呼客人。

（4）提供有针对性的服务。客房部的管理人员，应认真查看客史档案和贵宾接待通知单，并根据客人的具体情况提供针对性的服务。例如早晨床上有床罩，说明客人夜里嫌冷；床上的枕头客人有折叠使用的痕迹，说明客人嫌枕头太矮，喜欢高枕头；所放的水果没有食用，说明也许喜欢其他的水果。

（5）尽量不打搅客人。在接待贵宾中常出现的问题是过多地关心客人或清扫房间的时间安排不当而造成对客人的打扰。由于贵宾是重要客人，楼层服务员往往会首先去清扫他们的房间，而这些重要的客人一般晚上应酬比较多，早晨起床的时间可能会相对较迟些，这就造成了对客人的打扰。因此除非确定客人已离开房间，一般不要过早地去敲门，清扫时间安排在早晨9点半以后比较合理。过多的检查是另一种打扰的表现。大多数酒店对贵宾房每天要清洁三次以上，即早晨的清洁、下午的小整理及晚上的做夜床，正常的检查要达三次，再加上服务员的三次进房及送报、换水、补充饮料等。进房的次数太多客人肯定是不喜欢的。因此，对贵宾房的清洁和检查的次数一定要掌握好，既保证客房的清洁，不打扰客人的休息。

（6）服务适度。有些酒店的客房管理人员过分重视贵宾，从而过多地提供了一些不必要的服务，反而引起客人的不满。一次性消耗物品更换过于频繁有时会引起客人的反感。对客人而言他们大多认为自己使用过的物品是干净的，不需要频繁换来换去。

（7）协助前厅选好用房。接待贵宾中常见的另一个问题是客房服务员根据前厅的安排准备好客房，而管理人员检查时发现该房因某些问题而不能使用。其结果是浪费了宝贵的准备时间。因此，客房部管理人员应对酒店的客房状况非常了解，为前厅部的选房提供帮助。

（二）对伤病住客的服务

客人来到一个陌生的环境，多少会因为旅途劳累或气候、水土不服而生病，有些客人会因此复发一些慢性病。遇到这样的情况处理的方法和程序如下：

（1）知道客人生病后，应首先向客人询问病情，是否需要就医，并报告客房部，表示关心和乐于帮助。

（2）如客人患感冒，夏季要帮客人把空调风速调小，冬季要根据客人的实际情况为客人主动加被子，也可以准备足够的开水和其他物品。

（3）如客人的生病症状非常明显，可以礼貌提醒客人及时到附近的医院就医。不可延误治疗，避免发生意外。

（4）如果发现客人得的是传染病，要及时向部门经理汇报，并马上报告卫生防疫部门迅速将客人转至医院，客人住过的房间立即消毒。

（5）在客人生病期间应尽量保持客房内和楼层的安静，以免打扰到客人的休息。

（6）给客人帮助过后要及时把客人的伤、病事件处理的过程写成详细报告，说明客人伤病原因、症状和处理方法。

（三）对醉酒客人的服务

酒店中醉酒问题经常发生，对待不同的醉酒客人应采取不同的、灵活机动的应对方法。具体的常规处理方法如下：

（1）发现客人有醉态地返回酒店或客房时，服务员要主动提供服务，搀扶客人回房间，异性客人的可以请保安陪同。

（2）进房后扶客人躺在床上，帮客人沏好茶放在床边，并且在床边放上毛巾和盆子，以防客人呕吐。把客人的打火机、刀之类的危险品放在客人拿不到的地方。对重度醉酒的客人，应请保安在场，以免客人醉酒闹事。

（3）若客人发生呕吐，应该及时处理干净。

（4）在把醉酒客人送回房间休息后，服务员要特别留意房间内的异常响动，最重要的就是防止客人在床上吸烟发生火灾等不安全的情况。

（四）对老年客人的服务

对年龄大行动不是很方便的客人，根据其年岁大、视力不好、记忆力减退、行动不灵活的情况要给予特别的照顾。在客人到达酒店后服务员应及时观察他们，尽量把工作做在他们开口之前。在服务过程中要随时观察客人的身体状况，因为老年客人的身体较弱，由于长途旅行，来到新的环境也许身体会出现一些异样。

（五）对挑剔、容易暴躁的客人服务

对于这类客人的服务一定要有耐心，态度要友善，在不影响酒店利益的情况下，尽量顺从他们的要求。挑剔和暴躁的客人往往会对酒店的服务提出意见，不管他们提出的意见是否合理，本着“客人总是对的”的原则处理好客人的各种意见。对客人提出的意见一定要耐心听取，如果是误会也不要急于解释，等客人讲完后，再耐心细致地解释，以取得客人的谅解，并向客人表示感谢，感谢他对客房部工作的理解和支持。

（六）对残疾客人的服务

随着人们的生活水平的提高，外出旅行已不再是一件奢侈的事情，旅游者的范围越来越广，一些行动不便的客人也加入到了这个行列。因此，酒店针对他们的特点，进行有针对性的服务也是必需的。应尽量把公共场所设施设计得适合残疾人士的需要，尽量使它们感到方便。在为残疾客人提供服务时，应该把他们当成普通客人对待，千万不能以异样的眼光看待他们，更不可流露出轻视的神情，因为这样会严重伤害客人的自尊心。在对伤残客人的服务工作中，如果他们愿意自己做一些事情，服务员应根据需要灵活适当地帮助他们，使他们感到服务员是在帮助他们而不是同情和怜悯。

项目二　优质服务源于优秀的员工

任务	酒店人力资源管理

学习目标

* 熟悉人力资源管理的含义、目标、激励方法。
* 掌握人力资源管理的沟通与协调方法。

情景导入

在某酒店发生了这样一件事情。酒店的一位清洁工在工作时，发现一个歹徒正在盗取酒店的保险箱，这位清洁工与小偷进行了生死搏斗保住了财物。事后，大家为他庆功问他的动机，他的答案却出人意料，他说："当酒店老总从他身边经过时，总会赞美他扫的地干净。"就这么简单的一句赞美，却能感动一个员工，并"以命相许"。

引导问题：

1. 酒店员工激励有哪几种？

2. 案例中所采用的是哪种激励方法？

3. 酒店管理者在工作中如何有针对性地培训员工？

4. 世界著名酒店企业在管理工作中有哪些值得借鉴的经验做法？

实践设计：

酒店客人情绪激动地找到大堂经理，投诉大堂地板滑，自己在大堂吧附近摔了一跤，大堂经理怎样解决客人所投诉的问题？

自我评价：

1. 对客服务语言注意讲究礼貌性：

☐ 讲究　　☐ 随意性大　　☐ 不讲究

2. 对客服务语言应用的沟通技巧能得到客人认可：

☐ 认可　　☐ 不认可

3. 处理的方法得当，让客人满意：

☐ 是　　☐ 不是

通用知识

随着市场经济的日趋成熟和知识经济的渐入佳境，知识对经济增长和经济发展的贡献将超过资本、土地等传统要素。人力资本成为决定企业生存和发展的最重要的资本。然而从目前我国酒店业现状来看，大都存在着人才短缺的现象，要么找不到合适的人才，要么留不住优秀的人才。人力资源不足成为酒店业发展的“瓶颈”。

一、酒店人力资源管理的概念

人力资源是指一切能为社会创造财富，能为社会提供劳动的人及其所具有的能力。只有将人的体质、人的智力、人具有特定范围的才干、人的意识观念状态和道德准则这四个方面有机组合，才能形成人力资源。由于人力资源中每个人在四个方面都存在着差异，因而我们又把人力资源分为一般的人力资源和人才。所谓的酒店人力资源管理，也就是运用科学的管理方法，根据酒店的特殊需要发掘、提高、强化人力资源，并充分利用人力资源的四个方面，为酒店创造更多的财富。

二、酒店人力资源管理的内容

酒店的人力资源及培训工作一般是由人力资源部工作人员负责，不与其他业务部门共同进行。这二者的关系是：其他业务部门负责本部门人事培训的日常工作，人力资源部对其他部门的人事培训工作起服务、指导与监督的作用，其工作内容包括以下几个方面的内容。

（一）确定所需员工的数量

1. 确定各部门所需的岗位数

确定各部门所需要的岗位数首先要按照服务流程和分工的要求列出各个岗位数。例如，要确定前厅部的岗位数，就要按照酒店从机场迎接客人从机场到酒店前厅的服务流程和分工要求列出各个岗位数，看看有些岗位是不是可以由一个服务员兼顾，如果客人对某个岗位需求量较大可以适当地增添人手，如果有些岗位在酒店里工作地点相近，有些时间段，例如凌晨或深夜客人量少，可以在某些特殊的时间段合并一些工作岗位。

2. 确定每一个岗位所需的员工数

岗位所需的员工数取决于下列因素：

（1）岗位服务设施的数量与设施的利用率。如一家酒店的客房数是200间，其中客房每天的出租率是60%，那么客房服务员这一岗位的实际工作量是120间，而不是200间。

（2）每位员工每班次所能完成的工作量。做这个计算要考虑两个方面的因素：第一，要考虑法定工作时间长度及超额工作时间；第二，要考虑工作标准，如客房服务员日班清扫客房数和晚班做夜床的数量肯定是不一样的，原因就在于，日班和晚班的清扫标准不一样，标准不同所需的员工数也是不同的。

（3）每位员工的工作效率不一样。一般规定新进的员工和实习生在开始进入工作时的劳动额度低，熟悉了工作岗位后再逐渐增加工作量。

3. 所确定的员工数要在人均营业收入或工资成本线以内

这是为完成饭店正常经营利润目标所必需的。美国酒店员工工资成本一般占营业额的38%，中国酒店员工工资一般占营业收入的25%，如果高于这一营业收入，就意味着酒店员工太多了，工资成本太高了，要考虑减少员工数量。在酒店的运转过程中，有很多干扰因素影响按科学方法配备员工数量的计算。应考虑的干扰因素及相应对策有：员工的病假与事假；员工的流动；顾客与工作量的波动。

要解决这些干扰因素在人力资源管理方面有以下一些办法：第一，要适当地安排员工的工作时间，如员工的年假可尽量地安排在淡季，或者有新员工进店的时间。第二，可根据工作需要采取不规则的上班时间和分段工作时间，不同部门上班时间可不一样，对专业相近的部门服务员可做交叉培训，以便他们在工作忙碌时能互相帮助。第三，可以“建立”一支临时工作后备力量，当有工作急需时可以启用来帮忙应急。我国许多酒店和旅游学校都有校企合作，以作为后备员工的基地。从经验来看，酒店业的服务人员流失率较高，这说明人力资源部需要有一定的人才储备。

二、招聘员工

酒店业的员工招聘一般将来源渠道分为内部渠道和外部渠道两大类。

（一）内部渠道

内部渠道一般包括两个方面：当酒店内部有职位空缺的时候，向酒店内部员工进行招聘，引起员工的平行移动或垂直晋升。或者让员工推荐自己的朋友来酒店工作。利用内部渠道选用的员工，特别是晋升的员工，其优点是可以起到激励的作用，培养员工热爱酒店的情感。被提升的员工对酒店的工作环境很熟悉，可以很快地适应新的工作岗位和环境，有利于工作的衔接。但是这样的做法是不能很好地引进新的工作管理机制，酒店依然是原来的工作风气，墨守成规、按部就班地工作。这样的方法对原来管理不善的部门不会有很大的改变，同时容易产生小团体。

（二）外部渠道

酒店招聘员工的外部渠道主要有：旅游学校的学生、社会上的应聘者。首先会优先考虑在酒店实习过的酒店管理专业的毕业生，因为他们的职业目标明确，既有专业知识，又对酒店了解和忠诚。其次是主动要求来店工作的申请者，利用这一渠道可以免除广告招聘的费用。如果是遇见酒店新开业，所需员工的数量大、工种多，以上两种方法就很难招聘到大量的员工，酒店就会借助中介的力量和广告招聘的渠道。

三、员工的培训

酒店的员工需要经过不断地培训才会有很好的工作状态。正确地选择培训内容、类型与方法是十分重要的。

员工的培训内容总体可以分为四个方面：职业态度、职业知识、职业技术和职业习惯。我们可以根据岗位和培训需求将员工分为不同类型并进行有针对性的培训。如新员工上岗前的培训、在岗位上的培训、工作岗位调动培训、工作岗位晋升培训及针对服务与管理中所出现的问题培训，以及服务方法、服务标准与酒店产品发生变化时的培训。

酒店员工的培训工作一般是由人力资源部门和业务部门一起来完成的。人力资源部一般负责新员工的入店教育培训、管理人员培训、外语培训等，业务部门主管和经理一般负责员工工作岗位的业务技术培训。酒店培训工作计划与实施的步骤和方法可以分为以下几个方面：

首先，发现培训需求。一般是将目前员工的工作状况与所应达到的工作标准相对照，有差距的时候就需要进行培训；还可以根据宾客的投诉和员工的抱怨发现培训的时机。

其次，制订培训计划。针对不同的培训任务和对象准备好不同的培训资料、场地、设备和老师。在酒店业做技能培训可以简单概括为四句话：告诉你，就是告诉你如何去做；做一遍，示范给你看；跟我做一下；最后就是检查纠正不足的地方。

员工经过培训后在正式工作中还需要进行考核和评估，对员工的考核和评估要考虑到每位员工的工作岗位等级、员工工作的实绩及工资等级。工作岗位的等级的评估和员工工作实绩高低的评估对保证工资的公平分配来说是很重要的。

四、员工的激励

假日集团的创始人凯蒙·威尔逊先生曾说过：“没有满意的员工就没有满意的客人；没有让员工满意的工作环境，就没有令客人满意的享受环境。”

酒店的发展靠员工，而员工工作绩效的大小在很大程度上取决于企业的激励机制是否健全、激励手段是否有效。科学有效的激励对于调动员工积极性、发掘员工的潜能、提高员工素质等方面具有突出的作用。激励的基本形式是指管理者在激励工作中经常采用的方式，主要有以下几种。

（一）目标激励

就是通过制订科学的发展目标，激励员工为之奋斗，最终达成目标，满足自我实现需要的一种激励方式。确立了发展目标，就明确了工作方向，促使广大员工在实现发展目标的过程中，不断提高自身素质，实现自身价值。

（二）感情激励

感情激励及时通过强化感情交流沟通，协调领导与员工的关系，让员工获得感情上的满足，激发员工工作的积极性的一种激励方式。为强化感情激励，领导必须深入一线、深入员工、交流思想、沟通感情、增进彼此的理解和信任。

（三）物质激励

物质激励是最为直接有效的激励方式，而收入分配机制是否科学合理则是决定物质激励成效的关键。要通过建立科学的绩效考核体系、严格考核流程管理，实施公正的绩效考核，并把考核结果直接与员工工资收入挂钩，逐步实现全员同工同酬，用利益杠杆激励员工加倍努力，取得更好的业绩。

模块六

“您的账目已经全部在这了，您看可以吗”
——财务收银服务

项目 乘兴而来，满意而归

任务 1	高效快捷的结账服务

学习目标

* 熟悉宾客结账服务流程。
* 能够独立完成宾客离店结账的服务。
* 熟悉宾客结账付款的方式。

情景导入

怀特先生有一个习惯，他总是在入住时以信用卡形式支付押金，结账时以现金结算，这次也不例外。下午 1 点，怀特先生来到总台结账，因为他要急着赶下午 3 点飞往伦敦的飞机，匆匆付了 6800 元人民币，便赶紧去了机场。一切都像往常一样进行得很顺利，此时正是客人离店的时间，总台服务员正在紧张有序地给客人们办理离店手续，此时电话响了，是怀特先生从机场打来的：“小姐，我记得你们在结账时并没有撕掉我的卡单”（客户使用信用卡刷压消费签购单）。露西正是刚才为怀特先生办理结账手续的服务员，恰巧是第一天上岗，对工作流程还不太熟悉，作为同事，该如何指导及协助她办理客人离店结账手续呢？

引导问题：

1. 上岗时，如何做好宾客离店结账的准备工作？

2. 散客结账的服务程序是什么？

3. 看下图识别以下信用卡种类、发卡国家及货币。

（　） （　） （　） （　）

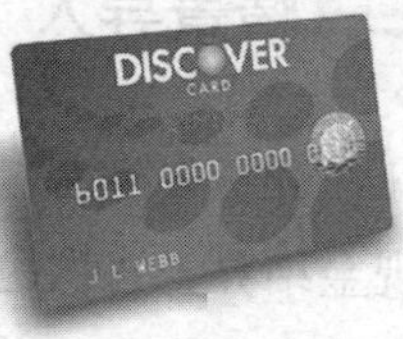

（　） （　） （　） （　）

（　） （　） （　）

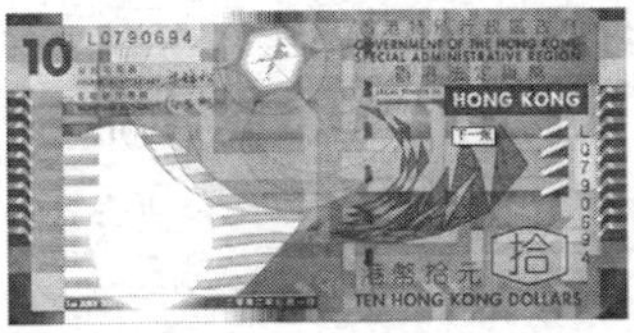

（　　）　　　　（　　）　　　　（　　）

4. 收银员在接受信用卡结账时应注意哪些问题？

实践设计：

请根据情景导入的内容，模拟训练散客离店结账服务工作流程。

自我评价：

1. 上岗时，交接班检查工作是否全面细致：

□ 是　　　□ 随意性大　　　□ 无检查

2. 办理客人离店结账程序是否规范完整：

□ 是　　　□ 有遗漏　　　□ 随意性大

3. 客人账单信息填写是否完整：

□ 是　　　□ 不是

4. 若客人采用信用卡结账，结账程序是否规范完整：

□ 是　　　□ 有遗漏　　　□ 随意性大

5. 是否注意客人住店期间的其他消费：

□ 有注意　　　□ 无

通用知识

［离店结账服务］

前厅收银处可能是客人与饭店员工面对面接触的最后场所。因此，在客人离店前快速、准确地为其提供结账服务是非常重要的。

一、宾客离店结账的准备工作

（一）相关部门的准备工作

（1）前厅接待处的准备工作。接待处提前一天准备次日离店客人名单（Expected Departure Guest List，简称 ED 名单），并将该名单分发至客房、总机、问讯、预订、礼宾等相关部门。该名单按客房顺序排列，清楚地罗列出客人的房号、姓名、入住日期、离店日期等。

（2）前厅收银处的准备工作。根据 ED 名单，将这些房间的客人账单都准备好。

（3）问讯处的准备工作。详细检查客人是否有信件或留言，及时转交给客人。

（4）电话总机的准备工作。根据 ED 名单，一方面查看客人是否有电话费转账，另一方面看看客人有没有申请叫醒服务。

（二）前台收银处离店结账的主要工作

（1）为客人办理结账手续。

（2）更新前厅相关资料信息。客人退房时，前厅部有责任更新相关信息资料，信息资料主要包括：

①房态。将房态从原来的住客房改为“客房待清扫”（Vacant Dirty）。

②客人历史档案（Guest History Record）。

③住客资料信息。在人工操作的饭店，住客退房后，接待员应清除信息查询架和房卡架的住客资料卡片。在使用计算机管理系统的饭店，关闭电子账单后，宾客的资料就从信息数据库和程控电话自动计费系统中被删除，并被列入已退房的客人名单中。

（3）在客人心目中留下良好的最后印象。

二、宾客结账服务规程

（一）散客结账服务程序

（1）问候客人，弄清客人是否结账退房。

（2）确认客人的姓名与房号，并将其与客人账户核对。

（3）检查客人的退房日期。如果客人是提前退房，收银员则应通知相关部门。

（4）核实延时退房是否需要加收房租。客人中午12点以后退房，一般按饭店要求延迟退房至下午6点解决，加收半天房租；如延时超过下午6点，则要加收一天房租。如客人有异议，请大堂经理出面协助解决，但饭店有优惠延时退房的规定除外。

（5）通知客房服务中心查走客房。检查客房小酒吧酒水耗用情况、客房设施设备的使用情况，以及客人有否拿走客房内的日常供应品——供客人免费使用，但不可带走，否则需照价赔偿。

（6）委婉地问明客人是否还有其他的即时消费，如电话费、餐饮消费等。

（7）将已核对过的客人分户账及客人的账单凭证交客人过目，并请客人签名确认。

（8）确认付款方式，为客人结账，如客人入住时交了押金，则退还押金，收回押金单。

（9）收回客人的房卡和房门钥匙，检查客人是否有贵重物品寄存，并提醒客人。

（10）行李员提供结账行李服务，或者预订本饭店连锁管理集团属下的其他饭店客房。

（11）弄清客人是否要预订日后的客房。

（12）更新前厅相关信息资料，如房态表和住客名单等；将客人结账离店消息通知相关部门，如让总机关闭长途电话功能等。

（13）做好账款的统计工作和资料的存档工作，方便夜间审核。

（二）团体客人结账服务程序

（1）将团队的名称告知客房服务中心，通知其查走客房。

（2）打印账单，做到转账和客人自付分开。通常接待单位或旅行社只支付房租及餐饮费用，其他琐碎项目如电话费、洗衣费、小冰箱里的食物的费用则由客人自行支付。

（3）预订单上如标明付款方式为转账的，则请付款单位陪同人员在转账单上签字确认，并注明报账单位以便将来结算。凡不允许挂账的单位，其团队费用一律在客人进店前现付，团队客人的房价不可泄露给客人。

（4）给有账目的团队客人打印账单，当场付款操作。

（5）收回房卡和钥匙。

（三）即时消费

即时消费是指客人临近退房前的消费费用，因送到前厅收银处太迟而没能赶在客人退房前及时入账。例如洗衣费用就有可能在客人结账退房后才会被送到前厅收款处。在这种情况下，对饭店来说，从已退房离店的客人那里收款是一件较为困难的事情。

为减少客人临近退房前的消费损失，收银员在给客人打印账单之前，应确认客人有无仍未入账的消费。例如收银员应婉转地询问客人早上是否使用客房小酒吧的酒水、有无用早餐签单等问题。当然，如果客人要赖，这样的做法也是无效的。

在客人结账时，收银员去调查客人有无即时消费的情况，有可能由于时间太长而给客人带来不便。再加上收银员工作本来就较为烦琐，如再花大量精力调查客人是否有即时消费，可能会顾不过来。因此，很多饭店就规定了一个大致适当的比例，作为客人即时消费带来的损失，让饭店承担。在这种情况下，为了向客人提供准确、快捷的结账服务，饭店有必要建立一套高效的、多功能的账目处理系统，来确保客人在饭店内部各个部门的消费账单能尽快地传递到前厅收款处，同时也能确保前厅收银员在接到转来的账单后尽快入账，所以，饭店相继投入使用了能快速转账的电脑账务处理系统。

三、结账付款方式

在客人办理结账手续时，客人的账户分两种：私人账目和公司账目。私人账目由客人个人支付，客人可以用现钞（人民币或外币）、旅行支票、信用卡等方式付款。公司账目不用客人直接支付，而是客人退房时对账单签名确认后，将账单转给公司或旅行社，由其支付饭店欠款。

客人的付款方式主要分为三大类，即现金、信用卡和挂账，这里主要介绍前两种。

（一）现金结算

1. 外币现金

外币现金一定要是在我国银行或指定机构可兑换的外币，然后根据当天银行汇率折算。

2. 人民币现金

如果客人用现金付款，收银员一定要学会辨真伪：如果客人用预付的现金结账，应多退少补，退款需开具现金支出单，并让客人签字确认，第一联给客人，第二联留作审核，收回客人交押金时交给客人的预付单第一联，与账单订在一起。

3. 旅行支票

旅行支票是旅游者直接用现金向银行或发行机构购买的，所以它实际上也是一种汇票。所不同的是旅行支票的收款人就是付款人本人。在客人使用旅行支票时应检查旅行支票的真伪，如支票残缺不全或有涂改及擦除痕迹，都不能兑换，如客人坚持要换，必须通过支票授权中心查核并取得授权号码才能兑换，兑换时应按买入价结算。再次检查支票的真伪及支票正面的内容及背书情况，注意辨别哪些是银行已发出停止使用的旧版支票。如果客人结账时才出示支票，则应按支票当押金时的工作程序做好，然后正确填写支票，切不可涂改、描补，一定要用碳素笔填写。不过，目前很多饭店都暂不接受私人支票。

（二）信用卡结算

信用卡是由银行或信用卡公司提供的一种供客人赊欠消费的信贷凭证，上面印有持卡人的姓名、号码、有效期、发卡银行的名称。目前国内常见的信用卡如图 6–1 所示。

AMERICAN EXPRESS Cards VISA UnionPay 银联

图 6-1　国内常见的信用卡类型

美国运通公司的运通卡（American Express）。主要面向经常旅行的高端客户。

维萨卡（Visa Card）和万事达卡（Master Card）。Visa 和 Master 是世界两大信用卡组织，一般美国用 Visa 卡比较多，欧洲用 Master 卡比较多。

日本 JCB 国际公司的 JCB 卡（JCB Card）。是日本信用卡业产业发展史上发行最早的信用卡品牌，定位于普通大众，是日本使用最普及的信用卡。

印有中国“银联”标志的信用卡。银联标准卡就是按照中国银联的业务、技术标准发行，卡面带有唯一的“银联”标志，发卡行识别码（BIN）经中国银联分配和确认的银行卡。我国目前自己发行的人民币信用卡有长城卡、牡丹卡、金穗卡、龙卡等。

客人入住酒店时用信用卡结账的，且客人入住时已压印信用卡签购单，收银员应在相应的 post 机上获取预授权，并在操作过程中注意以下事项：

（1）核对客人所持信用卡是否属于酒店接受的信用卡。

（2）辨别信用卡的真伪，确认信用卡的有效期。

（3）检查客人的消费金额是否超过该信用卡的最高限额，如超过，则应向银行申请授权金额号码，否则此卡不能接受。

（4）请客人确认账单并签名。

任务 2	客人满意才是王道

学习目标

* 掌握客人投诉的处理方法、程序和技巧。
* 掌握不同类型客人接待的技巧。
* 具备应对各种突发事件的能力。

情景导入

某酒店 501 号房住进一位客人，戴着头巾，进出客房手上经常拿着一个小小的本子，有一天他向服务员露西询问是不是可以在他客房里放一个挂钟。后经过经理的礼貌询问，原来这位先生是信仰伊斯兰教的，他需要每天定时做朝拜，在和总台协商过后，酒店立刻给这位客人换了一间坐东朝西的房间，并给客人配备了小毛毯和一个挂钟，方便客人把时间调为自己朝拜的时间。

引导问题：

1. 对待有宗教信仰的客人客房服务员应该如何接待？

2. 什么叫针对性服务？

3. 怎样根据客人的需求特点灵活提供针对性服务？

实践设计：

请以情景引入的内容为主，怎样帮一位信仰伊斯兰教的客人布置客房？

自我评价：

1. 对客服务语言注意讲究礼貌性：

□ 讲究　　　　□ 随意性大　　　　□ 不讲究

2. 对客服务语言应用的沟通技巧能得到客人认可：

□ 认可　　　　□ 不认可

3. 能合理地帮助客人布置房间：

□ 是　　　　□ 不是

4. 注重不同类型客人的信息更新：

□ 注重　　　　□ 不注重

通用知识

对不同客人提供不同的服务称为“针对性服务”。前厅服务人员需要与各种不同类型的客人打交道，因此服务人员应具备察言观色的能力，并能迅速从客人的举止、谈吐、神态中判断其情绪与要求，在注意自己的表情与言谈的同时，根据客人的特征，提供针对性的服务。前厅服务人员应在日常工作中重视培养自己待人接物的技巧。一名优秀的前厅服务人员在接待服务工作中要迅速、正确地理解客人，处理事情通情达理，有智有谋，并且善于自我约束。酒店客人基本上可以分为三大类：公务型客人、旅游型客人和贵宾。

（1）公务型客人。公务型客人包括商人、前来参加会议的客人及具有公事目的的各种代表团。针对公务型客人的服务要求酒店的设施能达到家庭式的舒适及办公机构般的服务效率。他们的住房不仅是休息、睡觉的场所，而且还是工作、学习的地方。因此要求房内隔音良好、光线充足，备有完善的商务设备，例如传真机、电脑输出端口等，希望前厅人员能快速办理预订客房业务以及入住、离店手续，希望酒店能为其提供叫醒服务、预订出租服务、房内用膳服务、快速洗衣服务及干洗熨烫以及信用卡结账服务。此外，还需要酒店有较完善的会议设施、宴请场所以及康乐健身场地。如果酒店不能全面地提供上述各项服务，那么服务人员的好客、热情以及高效率的面对面服务也能够给设施的不足以一定程度的弥补。

（2）旅游型客人。旅游型客人包括前来旅游、探亲、度假的散客及团队客人。他们在附近的旅游点游览，而把酒店作为休息的场所。在大部分酒店内，旅游型客人都占很大的比例，他们的需求与公务型客人的需求同样重要，应当引起重视。他们希望居住的房间能观赏到优美景色，住店期间能品尝当地的风味佳肴，希望了解当地的风俗人情，购买当地的土特产及手工艺纪念品；希望酒店的前台能为他们提供介绍旅游点情况的材料、各种交通工具时刻表以及购物指南；希望前厅服务员能为他们介绍娱乐场所的特点，当地餐馆的经营特色、天气预报，还能为他们解决行李搬运问题及代订机票、车票和各种文娱活动等。

（3）贵宾。酒店面向贵宾的接待规格及待遇通常比较高。有些贵宾是政府邀请的，身份比较高，前厅服务员不但要做好接待工作还要注意保密。有些是社会上有显赫地位的政客或者是社会名流，他们入住酒店，还能为酒店带来意想不到的广告效应。贵宾接待服务工作的质量与酒店的声誉和经营有很大的关系，酒店可以把接待贵宾过程看作酒店最高接待水平的展示。

同类型的客人还具有不同的个性。了解各种类型的客人共性后，还需进一步了解客人的个性，掌握为不同个性的客人提供服务时应注意的特点。

（1）交际型客人。这类客人热情、健谈，有时甚至过于热情。他们出手大方，言谈举止爽朗、豪迈，他们有时也会对服务员很大方。在为此类客人提供服务时，应保持镇静与幽默，应根据酒店的规章制度，有策略地回答客人的需求，必要时可以请求领导的帮助。

（2）急躁型客人。急躁型客人的特点是不管服务员多么繁忙，他们都会不管不顾地坚持要求服务员立即为自己提供服务。如果客人的要求是合情合理的，服务员应该尽快地为其提供服务，满足其要求，在为这类客人提供服务时，要想办法走捷径，尽量避免和客人起冲突，注意自己的服务态度和方式。

（3）闲聊型客人。对于啰唆的客人，前厅服务人员要关心、体谅、注意礼貌。有时听听他们的闲聊话题，可以附和一些，在适当的时候，向他们表示歉意，因为其他客人也需要得到服务。

（4）抱怨型客人。这类客人即使自己做错了事，也会把责任推给其他人或酒店。当这类客人抱怨时，前厅服务员应注意倾听，致以歉意，然后设法使问题得到解决。注意对此类客人要热情，绝不能与之争辩。

（5）吵闹型客人。吵闹型客人通常喜欢在公共场所大叫大嚷，希望引起大家的注意，成为中心人物。前厅服务员如遇到这类情况应立即设法制止，要保持酒店的宁静，以免影响他人。与此类客人打交道时，应尊重他们，小声和他们交谈，避免起正面冲突。

此外，儿童也是酒店的客人，服务时既要耐心，又要小心。儿童的过分吵闹会影响到其他客人，也会让他自己的父母手足无措。在接待这类小客人的时候，服务员不应该和客人的孩子嬉闹，不应该给小客人糖果吃，可以礼貌地提醒小客人的父母带好自己的孩子，以免影响正常的工作秩序。

酒店的客人大部分是友善的、易于合作的，即使小部分客人对酒店服务存在不满，这对酒店的员工来说也是一项挑战，作为酒店职员应该大胆迎接挑战，礼貌细心地面对每一位客人。如果酒店的接待工作可以使每一位客人都很满意，酒店不但会获得良好的经济效益，还会获得很好的社会声誉。

附 录

授课计划

课件

课程教案

课程评价

试题

推荐阅读书目

［1］奚晏平．世界著名酒店集团比较研究［M］．北京：中国旅游出版社，2004.

［2］虞咏天．世界著名酒店鉴赏［M］．上海：上海科学技术出版社，2009.

［3］世界顶级酒店［M］．大连：大连理工大学出版社，2010.

［4］洪秀銮．卓越服务［M］．西安：陕西人民出版社，2010.

［5］洪秀銮．攻心服务［M］．西安：陕西人民出版社，2010.

［6］洪秀銮．危机服务［M］．西安：陕西人民出版社，2010.

项目策划：段向民
责任编辑：张芸艳
责任印制：钱　宬
封面设计：武爱听

图书在版编目（CIP）数据

前厅与客房服务管理 / 教育部，财政部组编 ；黄松，李燕林主编. -- 2版. -- 北京 ：中国旅游出版社，2023.7（2025.9重印）
“十四五”职业教育国家规划教材
ISBN 978-7-5032-7184-7

Ⅰ. ①前… Ⅱ. ①教… ②财… ③黄… ④李… Ⅲ. ①饭店－商业服务－职业教育－教材②饭店－商业管理－职业教育－教材 Ⅳ. ①F719.2

中国国家版本馆CIP数据核字（2023）第140769号

书　　名：前厅与客房服务管理（第二版）

组　　编：教育部　财政部
主　　编：黄　松　李燕林
执行主编：刘　玉　赵丽华　丁立华
出版发行：中国旅游出版社
（北京静安东里6号　邮编：100028）
http://www.cttp.net.cn　E-mail:cttp@mct.gov.cn
营销中心电话：010-57377103，010-57377106
读者服务部电话：010-57377107
排　　版：北京旅教文化传播有限公司
经　　销：全国各地新华书店
印　　刷：三河市灵山芝兰印刷有限公司
印　　次：2023年7月第2版　2025年9月第3次印刷
开　　本：720毫米×970毫米　1/16
印　　张：18
字　　数：293千
定　　价：49.80元
ISBN　978-7-5032-7184-7